KATRIN PINETZKI

Dortmund für Klugscheißer

Populäre Irrtümer
und andere Wahrheiten

KLARTEXT

BILDNACHWEIS

Roland Baege: 10, 28/29, 82; Benito Barajas: 38; Bussenius&Reinicke: 92; ©Caterpillar Inc.: 60, 61; Ralf Dallmann/Stadt Dortmund: 18; EDG: 19, 36; Ev. Stadtkirche St. Petri: S. 69 und 70; filmproduktion loeken franke: 95 o.r.; Ev. Stadtkirche St. Petri: 70; Nikolas Goesch: 31; Roland Gorecki/Stadt Dortmund: 22; Stefanie Kleemann: 25, 50, 67; Gaye Suse Kromer: 4; Mandana Maged: 56/57, 58/59; MM Fotowerbung Kaufungen für Dula: 63; Nadja Niemann: 55; Rupert Oberthäuser/ EGLV: 40; picture alliance/Geisler-Fotopress: 17; picture alliance/United Archives: 94 o.l.; Katrin Pinetzki: 11, 23, 44, 49, 51, 66, 86, 87 u.l.u.r.; Podehl Fotodesign Dortmund: 77; Michael Rohde: 26; Stephan Schütze: 69, 94 m.r., 94 u.l.; Soeren Spoo: 88; Stadt Dortmund: 21, 22o., 23o., 53, 75, 76, 87o., 97-10, 103 o.; TU Dortmund: 103 u.; Viality: 84; Alex Völkel: 34, 89 o.u.u.; WDR/Frank Dicks: 95 m.r.; WDR/loeken franke: 94 m.l.; WDR/Willi Weber: 95 o.l.; wikipedia: 16; Winkelmann Film: 81, 82, 94 o.r. , 94 u.r., 95 m.l.; Stefan Ziese: 20, 24, 59o.l.u.r., 72, 73
Stefan Ziese: S. 13, 20, 24, 59, 72, 73, 79, 104
Adobe Stock: S. 6 ©evilwata, S. 6/7 ©SimpLine, S. 7 ©Michael Tewes, S. 8 ©Tupungato, S. 9 ©cpauschert, S. 14 ©Ala, S. 17 ©KHAz, S. 65 ©sljubisa, S. 78 ©SpicyTruffel

Bibliografische Information der Deutschen Nationalbibliothek
Die Deutsche Nationalbibliothek verzeichnet diese Publikation in der Deutschen Nationalbibliografie; detaillierte bibliografische Daten sind im Internet über http://dnb.dnb.de abrufbar.

IMPRESSUM

1. Auflage März 2020
Layout und Satz: Ina Zimmermann
Umschlagfotos: wikipedia ©Lucas Kaufmann – Eigenes Werk, CC BY-SA 4.0;
wikipedia ©Friedrich Arnold Brockhaus Vogel von Vogelstein; Stefan Ziese;
HorstMüller GmbH; Funke Fotoservices: Archiv Westfalenhallen, Ralf Rottmann
Lektorat: Kerstin Goldbach, Bergisch Gladbach
Druck und Bindung: Griebsch & Rochol Druck GmbH, Gabelsbergerstraße 1, D-59069 Hamm
© Klartext Verlag, Essen 2020
Alle Rechte vorbehalten
ISBN 978-3-8375-2192-4

KLARTEXT Jakob Funke Medien Beteiligungs GmbH & Co. KG
Jakob-Funke-Platz 1, 45127 Essen
info@klartext-verlag.de, www.klartext-verlag.de

Inhalt

- 4 Die Autorin
- 5 Zum Geleit
- 6 So schmeckt Dortmund
- 8 Balla Balla
- 9 Steckbrief
- 10 Das U in Zahlen
- 12 Internationale Stadt
- 13 Dortmund vs. Düsseldorf
- 14 Unsere Kinder
- 15 Dortmunder Berühmtheiten
- 18 Stadtteile der Superlative
- 20 Ein Tag in Dortmund
- 21 Stadt der Museen
- 25 Verwechslung am Friedensplatz
- 26 Total zentral
- 27 Ohne rauchende Schlote
- 28 Die Uni war nur der Anfang
- 30 Die H-Bahn
- 32 Kult-Quartier mit Geschichte
- 33 „Ghetto" mit Zukunft
- 35 Deusens dramatischer Wandel
- 37 Von der Schnapsidee zur eigenen Brauerei
- 39 Wein aus der Bierstadt
- 41 Dortmunds unterirdisches Labyrinth
- 43 Karibik-Feeling made im Pott
- 44 Zeche der Superlative
- 46 Die Geschichten der Westfalenhütte
- 48 Da wächst doch kein Gras mehr!
- 50 Spaziergang durchs lebende Museum
- 52 Stacheliges Paradies
- 54 Welthauptstadt der Ameisenbären
- 56 Baden verboten! (Füttern auch!)
- 58 138 Meter über Normalnull
- 60 Grabende Giganten
- 62 Das etwas andere Kaufhaus
- 64 Geburtshilfe fürs deutsche Internet
- 66 Das westfälische Weihnachtswunder
- 68 Schatz aus dem Mittelalter
- 71 Konrad Klepping und die britische Krone
- 72 Die Geheimnisse der Hohensyburg
- 74 Kants Klaue, Rilkes Reinschrift
- 77 Hotspot der Kunstszene
- 78 Vorhang auf für die Zukunft
- 80 „Fliegende Bilder"
- 83 Das modernste Denkmal Deutschlands
- 86 Graffiti-Hauptstadt
- 88 Ein Hauch von Paris in der Nordstadt
- 90 Mehr als „Nur der BVB"
- 91 Der Geierabend
- 93 FilmQuiz
- 97 Dortmund. Eine Zeitreise
- 104 Was andere über Dortmund sagen

Die Autorin

Katrin Pinetzki bezeichnet Dortmund als ihre „Kernkompetenz": Sie hat in Dortmund studiert, als Journalistin gearbeitet, mehrere Bücher über die Stadt geschrieben und ist heute Stadtsprecherin. Gar nicht schlecht für eine gebürtige Gelsenkirchenerin …

Zum Geleit

Dortmund und ich, das war erst einmal keine Liebesgeschichte, sondern eher eine Vernunftsverbindung: Den heiß begehrten Studienplatz gab es halt nur in Dortmund, keine 30 Autominuten oder zehn S-Bahn-Stationen entfernt von der Geburtsstadt. Von der einen Fußballstadt in die nächste, und das bei herzlichem Desinteresse an dem Sport. Noch dazu waren die Anhänger beider Vereine untereinander verfeindet. „Was, du ziehst nach Lüdenscheid-Nord?", hörte ich ebenso oft wie: „Was, du kommst aus Herne-West?"
Trotzdem wurde dann doch mehr aus Dortmund und mir. Warum? Eine Antwort darauf ist auch dieses Buch. Es ist mein fünftes über Dortmund, und es gibt noch immer so vieles zu erzählen und zu entdecken. Einiges habe ich bei der Recherche neu kennengelernt; andere, seit langem vertraute Orte sehe ich mit anderen Augen.
Dortmund ist nicht schön, hört man oft – und das stimmt, wenn man gerne in historischen Altstädten einkaufen geht, auf pittoresken Plätzen Kaffee trinken oder am Flussufer flanieren möchte. Dortmund hat eine spannende Geschichte, die sich allerdings im Stadtbild nicht unbedingt widerspiegelt. Man muss schon genauer hinsehen und tiefer schürfen, wenn man sie entdecken will – hinein in die Kirchen, hinab unter die Erde, auf zu den Museen, die die Stadtgeschichte erzählen.
Nach dem Zweiten Weltkrieg, der Dortmunds Kern nahezu komplett zerstörte, musste sich die Stadt neu erfinden – und hat seitdem nicht mehr damit aufgehört. Das Spannende – und Schöne! – an Dortmund ist der Wandel. Die Lebensgrundlage der Menschen, die Leit-Industrien veränderten sich und damit immer wieder auch das Stadtbild. Mammutprojekte wie die Internationale Bauausstellung ab 1989, die Kulturhauptstadt RUHR.2010, der Emscher-Umbau, die Bundesgartenschauen, auch Fußballweltmeisterschaft oder der Evangelische Kirchentag prägten und veränderten Dortmund. Und der Wandel geht immer weiter. Dortmund, dann doch die große Liebe? Auf jeden Fall ein perfekter Ort für Stadtplaner, für Kreative und Kulturschaffende – und erst recht für Journalisten.

Aha

So schmeckt Dortmund

Alles begann mit einer Schranke: Damals wie heute trennte die Eisenbahn die Dortmunder Nordstadt von der Innenstadt. Eine Unterführung gab es jedoch noch nicht, und so mussten die Menschen, die von Nord nach Süd wollten, am Burgtor häufig vor geschlossenen Schranken warten. Zeit genug für ein schnelles Bier – und so erfand ein pfiffiger Wirt das ebenso schnell gezapfte wie getrunkene **Stößchen** – etwa 0,1 Liter Bier aus einem schlanken Glas, das sich in ganz Dortmund durchsetzte. Seit 2004 gibt es Stößchen-Gläser mit Eichstrichen bei 0,1 Liter.

Der Dortmunder **Salzkuchen** ist ein rundes Brötchen mit Loch in der Mitte, also eine Art Bagel, gebacken mit Kümmel und grobem Salz, belegt meist mit Mett oder Käse. In einigen Gasthäusern wird das Loch noch mit Zwiebeln oder Kresse gefüllt. Erfunden wurde der Dortmunder Salzkuchen um 1848 vom Traditionsbäcker „Fischer am Rathaus", der heute in sechster Generation geführt wird.

Der Dortmunder Salzkuchen

Zu kaufen gibt es ihn allerdings nicht nur dort, sondern längst auch in anderen Bäckereien und in vielen Gaststätten, vor allem rund um den Markt. Er besteht aus lockerem Weizenteig, durch den der Bäcker seinen Daumen schiebt – fertig ist der Salzkuchen. Die Teiglinge werden im Wasserdampf auf einer Steinplatte gebacken.

Der **Pfefferpotthast**, ein Ragout aus geschmortem Rindfleisch, ist eigentlich keine Dortmunder, sondern eine westfälische Spezialität. Das Eintopf-Gericht spielt allerdings durch das jährliche Pfefferpotthast-Fest auf dem Alten Markt eine besondere Rolle in Dortmund – und noch viel mehr dank seiner wichtigen Nebenrolle in einer historischen Begebenheit. Denn Pfefferpotthast wurde schon 1378 urkundlich erwähnt: in einem Bericht über den Verrat der Agnes von der Vierbecke. Die reiche Kaufmannswitwe und gebürtige märkische Adelige ließ Soldaten des mit Dortmund verfeindeten Grafen von der Mark in die Stadt und soll den Stadtwächter mit einer Portion Pfefferpotthast abgelenkt haben.

Pfefferpotthast

Balla Balla

Fünfmal wurde der Ballspielverein Borussia Dortmund, kurz BVB, seit Gründung der Ersten Bundesliga bislang Deutscher Meister – kein schlechter Schnitt, sondern ein guter zweiter Platz (auch wenn die Konkurrenz aus München bereits 28 Titel zählt). Immerhin ist Dortmund der Geburtsort der Bundesliga: Gegründet wurde sie am 28. Juli 1962 im Goldsaal der Westfalenhallen.

Vielleicht ein schwacher Trost, aber immerhin: Im Roboterfußball ist Dortmund ganz groß. Das Team der Technischen Hochschule Dortmund wird beim RoboCup regelmäßig Weltmeister.

Und noch eines kann Dortmund keiner nehmen: Die Südtribüne ist mit 25.000 Plätzen die größte Stehplatztribüne Europas und der Signal Iduna Park das größte Stadion Deutschlands.

Steckbrief

Historischer Ortsname: Throtmanni, Tremonia
Ortsname in Mundart: Doatmund
Synonyme: Westfalenmetropole, „Westliches Westfalen oder östliches Ruhrgebiet – was aufs Selbe rauskommt" (Autor: Fritz Eckenga)
Traditioneller Gruß: Tach! Wie isset?
Ersterwähnung: zwischen 880 und 884
Einwohner: 602.566 (Stand: Ende 2018). Dortmund wächst, die Tendenz ist positiv: Für 2024 werden sogar 612.100 Einwohner prognostiziert. Dortmund ist die achtgrößte deutsche Stadt.
Einwohner pro Quadratkilometer: 2.144
Naherholung: Phoenix See, Westfalenpark, Dortmund-Ems-Kanal, Botanischer Garten Rombergpark, Fredenbaumpark, Hoeschpark, Bolmke, Revierpark Wischlingen, Hohensyburg, Bittermark, Zoo
Fluss: Emscher
Gute Aussichten: vom Dortmunder U, vom Hochofen auf Phoenix West, von der Halde Deusen, von der Halde im Stadtteilpark Derne
Bekannteste Straßen: Hellweg (eine jahrhundertealte Handelsstraße), Rheinland- und Westfalendamm (Bundesstraße 1)
Biersorten: Bergmann, Brinkhoff's, DAB, First, Hansa, Hövels, Kronen, Ritter, Siegel, Stifts, Thier, Union
Traditionslokale: Wenkers am Markt, Hövels, Zum Alten Markt, Pfefferkorn am Markt, Gänsemarkt, Altes Gasthaus Grube (Wambel)
Schwarze Stunde: Am 12. März 1945 erlebte die Stadt den schwersten Luftangriff, der während des Zweiten Weltkriegs auf eine europäische Stadt geflogen wurde. Nach über 4.800 Tonnen Spreng- und Minenbomben war die Innenstadt zu 95 % zerstört.
Spektakulärster Fund: der „Dortmunder Goldschatz", 444 römische Goldmünzen aus den Jahren um 410, gefunden 1907 am Westentor, heute ausgestellt im Museum für Kunst und Kulturgeschichte

Das U in Zahlen

480 Kilometer Kabel wurden beim Umbau verbaut.

20.000 Quadratmeter Brutto-Gesamtfläche hat das U, davon 7.000 Quadratmeter für Ausstellungen und Veranstaltungen.

Das U war das **1.** Hochhaus der Stadt. Es wurde **1926/27** gebaut.

Rund **9.000** Kunstwerke gehören zur Sammlung des Museums Ostwall im U.

87 Paare haben sich bereits das Jawort gegeben, seitdem das im U möglich ist. Sie trauten sich im „Lautsprecher" in der **4.** Etage, in der Bibliothek in der **5.** Etage oder im View in der **7.** Etage.

Mehr als **15.000** Fans hat das U bei Facebook.

8 Partner sind im U vereint: das Museum Ostwall, der Hartware MedienKunstVerein (HMKV), die Technische Universität und die FH Dortmund, die UZWEI für kulturelle Bildung im Medienzeitalter, die Bibliothek „Weitwinkel", ein Kino und Gastronomie.

Die Fahrt mit **13** Rolltreppen bis in die **7.** Etage dauert gut **5** Minuten.

60 Meter hoch liegt das View in der 7. Etage – ein beliebter Ort für Präsentationen oder Feierlichkeiten.

200 Quadratmeter groß ist die Dachterrasse, von der man einen fantastischen Blick auf Dortmund hat und auch Selfies mit dem U im Hintergrund machen kann.

7 Meter hoch und **3** Meter breit sind die unteren Fenster in der Dachkrone – ungefähr so groß wie ein stehendes Fußballtor.

Im Jahr **1968**, erst 41 Jahre nach seiner Eröffnung, kam das goldene U auf die Dachkrone.

Ein Blick auf die Rolltreppen im Dortmunder U von unten

Internationale Stadt

▶ In Dortmund leben Menschen aus etwa 160 Nationen. Mehr als ein Drittel der Bevölkerung (35,6 %) hat Migrationshintergrund. Rund 120 Migrantenorganisationen kümmern sich um ihre Belange.

▶ Allein am Theater Dortmund arbeiten Menschen aus 40 Nationen.

▶ Knapp 4.000 internationale Studierende sind an der Technischen Hochschule Dortmund eingeschrieben.

▶ Die Stadt- und Landesbibliothek bietet in ihrer Internationalen Bibliothek Bücher in 111 Sprachen an – das sind so viele wie in keiner anderen Bibliothek in Deutschland.

▶ Dortmund pflegt Städtepartnerschaften mit Leeds (England), Buffalo (USA), Xi'an (China), Amiens (Frankreich), Trabzon (Türkei), Netanya (Israel), Novi Sad (Serbien), Rostow am Don (Russland) sowie Zwickau.

▶ Neben christlichen Kirchen gibt es in Dortmund eine Synagoge, eine Reihe von Moscheen, einen thai-buddhistischen Tempel in Dortmund-Kley, den Sivan-Tempel der hinduistischen Gemeinde in Dortmund-Hombruch, ein Buddhistisches Zentrum, eine Bahai-Gemeinde u. v. m.

▶ Entlang der Rheinischen Straße lebt die größte tamilische Community Deutschlands. Die Tamilen sind eine Volksgruppe mit Wurzeln in Indien und Sri Lanka.

▶ Essen beim Italiener, Spanier, Türken, Griechen – klar. In Dortmund locken darüber hinaus viele andere Restaurants mit internationaler Küche: afrikanisch, chinesisch, indisch, indonesisch, japanisch, koreanisch, kroatisch, mexikanisch, mongolisch, persisch, polnisch, portugiesisch, rumänisch, russisch, syrisch, tamilisch, vietnamesisch – und sogar schwäbisch.

Der Schnellvergleich: Dortmund vs. Düsseldorf

	Dortmund	**Düsseldorf**
Einwohner	602.566	642.304
Region	Westfalen	Rheinland
Bier	Pils	Alt
Messe	Messe Dortmund, 9 Messehallen	Messe Düsseldorf, 19 Messehallen
Fluss	Emscher	Rhein, Düssel
Souvenir	Nashorn	Radschläger
Fernsehturm	Florianturm; 219,3 Meter	Rheinturm; 240,5 Meter
Flughafen	Airport Dortmund, 2 Millionen Passagiere im Jahr	Airport Düsseldorf, 24 Millionen Passagiere im Jahr
Fußball	BVB, 5 mal Deutscher Meister	Fortuna Düsseldorf, noch nie Deutscher Meister
Bekannteste Straße	Hellweg	Königsallee (Kö)
Karnevalsruf	Helau!	Helau!
Durchschnittsmiete pro qm (Wohnung bis 80 qm)	6,90 Euro	10 Euro
Beste Wohnlage	Gartenstadt	Oberkassel
Zahl der Studierenden	52.000	53.000

Unsere Kinder

▶ Dortmunderinnen, die ein Kind bekommen, sind durchschnittlich 31 Jahre alt.

▶ Im Jahr 2019 kamen in Dortmund 5.335 Babys zur Welt.

▶ Die beliebtesten Vornamen im letzten Jahrzehnt waren Hannah und Paul. Im Jahr 2019 entschieden sich Eltern am häufigsten für die Mädchennamen Mia, Emilia und Emma; bei den Jungs dominierten Milan, Leon und Noah. Die beliebtesten arabischen Vornamen sind Elif und Amir.

Dortmunder Berühmtheiten gestern und heute

Der Schauspieler **Dietmar Bär** (u.a. Tatort Köln) wurde 1961 in Dortmund-Hombruch geboren und machte im Kreuzviertel sein Abitur. Heute lebt er in Berlin, ist aber noch regelmäßig in Dortmund: für Heimspiele seines BVB.

Der Künstler **Martin Kippenberger** wurde 1953 in Dortmund geboren und sorgte mit seinen Werken in ganz Europa für Diskussionen – z. B. mit seinem ironischen Selbstporträt „Zuerst die Füße" aus dem Jahr 1990. Die Skulptur zeigt einen ans Kreuz genagelten Frosch, gegen den sogar der Vatikan protestierte. In seiner Heimatstadt machte der Künstler zuletzt im Jahr 2011 Schlagzeilen, 14 Jahre nach seinem Tod: Eine Reinigungskraft schrubbte im Museum Ostwall Kippenbergers Installation „Wenn's anfängt durch die Decke zu tropfen" blank und zerstörte dadurch das mit 800.000 Euro versicherte Kunstwerk.

Der Schauspieler Dietmar Bär, bekannt vor allem durch seine Rolle als Kommissar Alfred Schenk im Kölner Tatort, stammt ursprünglich aus Dortmund.

Peter Rühmkorf (1929–2008) war einer der bedeutendsten Lyriker der Nachkriegszeit. Zu seiner Geburtsstadt ist allerdings keine Beziehung dokumentiert; er wuchs in Norddeutschland auf und verbrachte dort auch sein Leben. Allenfalls Rühmkorfs lebenslange Sympathie für die SPD könnte etwas mit der Geburt in der ehemaligen „Herzkammer der Sozialdemokratie" zu tun haben ..

Ein anderer bekannter Schriftsteller ist **Max von der Grün** (1926–2005), dessen Jugendbuch „Die Vorstadtkrokodile" noch immer Schullektüre ist und mehrfach verfilmt wurde.

Bernhard Hoetger, 1874 im damals noch eigenständigen Hörde geboren, war ein Bildhauer, Maler, Architekt und Kunsthandwerker. Zwar ist er auf dem Dortmunder Ostfriedhof begraben, dennoch hat er in Dortmund nur wenige Spuren hinterlassen. Erst 1984 wurden drei Nachgüsse seiner Skulpturen in Hörde aufgestellt. Berühmt sind vor allem Hoetgers Neugestaltung der Bremer Böttcherstraße inklusive des expressionistischen „Haus Atlantis" und seine Arbeiten in der Darmstädter Künstlerkolonie Mathildenhöhe und im Künstlerdorf Worpswede.

Der Schauspieler **Dieter Pfaff** (1947–2013) wurde nicht nur in Dortmund geboren, sondern fand dort auch zum Theater: Sein erstes Engagement hatte er als Regieassistent am Theater Dortmund. Später, als bereits bekannter Schauspieler, hatte er eine Nebenrolle in der Serie „Balko", die in Dortmund gedreht wurde, und erhielt dafür einen Adolf-Grimme-Preis.

„Den Brockhaus" kennt man auch im Wikipedia-Zeitalter noch. Der Gründer des Verlags der bekannten Enzyklopädie war **Friedrich Arnold Brockhaus**, geboren 1772 in Dortmund. Er kaufte 1808 die Rechte am noch unvollendeten

Friedrich Arnold Brockhaus

„Conversationslexikon mit vorzüglicher Rücksicht auf die gegenwärtigen Zeiten", aus dem später die Brockhaus-Enzyklopädie wurde. Außerdem verlegte er u. a. das Hauptwerk des zu jener Zeit noch nahezu unbekannten Philosophen Arthur Schopenhauer und ab 1821 die Memoiren Casanovas.

Sie gilt als berühmteste Kochbuch-Autorin Deutschlands: **Henriette Davidis** (1801–1876). Ihr „Praktisches Kochbuch" entwickelte sich zum wichtigsten Kochbuch des späten 19. und frühen 20. Jahrhunderts. Ihr Grab befindet sich auf dem Ostfriedhof.

Sein Leben ist ein Spiegel des 20. Jahrhunderts: Der 1887 in Aplerbeck geborene Admiral **Wilhelm Canaris** war im Ersten Weltkrieg Geheimagent und U-Boot-Kommandant, bekämpfte in der Weimarer Republik die Spartakisten und leitete im Nationalsozialismus den militärischen Geheimdienst der Wehrmacht.

Zugleich unterstützte er den Widerstand gegen Hitler und den Nationalsozialismus. Anfang April 1945 wurde er deswegen von einem SS-Standgericht zum Tode verurteilt und gehängt.

… und einige Durchgereiste
Hans Albert Einstein ist der Sohn des berühmten Physikers Albert Einstein. Er wurde 1904 in Bern geboren, starb 1973 in den USA – und lebte nach seinem Ingenieursdiplom mit seiner Familie eine Zeit lang als Ingenieur für Stahlbau in Dortmund, wo die Familie mehrfach innerhalb der östlichen Innenstadt umzog. Ob Albert Einstein seinen Sohn und die Enkelkinder dort besucht hat, ist nicht überliefert.

Der Comiczeichner und -autor **Ralf König**, 1960 in Soest geboren, lebte Anfang der 1980er für einige Jahre in Dortmund. In Dortmund entstand auch sein Comic „Der bewegte Mann", der später mit großem Erfolg mit Til Schweiger und Katja Riemann verfilmt wurde. „Dortmunder" ist der Titel eines der Gedichte des irischen Schriftstellers und Nobelpreisträgers **Samuel Beckett** (1906–1989). Es erschien 1935 in dem Band „Echo's Bones" und entstand tatsächlich, wie Beckett zugab, unter dem Einfluss von Dortmunder Bier. Zwischen 1928 und Anfang 1930 fuhr er mehrfach mit der Bahn von Paris zu seiner Cousine nach Kassel – über Dortmund. Dass er in seinem Gedicht „Dortmunder" eigene Erlebnisse in der Bordell-Meile Linienstraße schildert, wie es der Schriftsteller Norbert Schlinkert vermutet, ist allerdings nicht gesichert …

Stadtteile der Superlative

Dortmund hat zwölf Bezirke mit mehr als 60 Ortsteilen, von deren Existenz selbst Ur-Dortmunder mitunter überrascht sind: Salingen? Loh? Holte-Kreta? Jeder Bezirk hat etwas ganz Besonderes. Eine willkürliche Auswahl:

Scharnhorst – Im Bürgerpark Derne, auf einer künstlichen Halde, steht die Schaukel mit der schönsten Aussicht.
Brackel – Der Hauptfriedhof, der größte der Stadt und einer der größten Deutschlands, ist der weithin einzige mit einem Kinder- und Bewegungsspielplatz.

Der Spielplatz auf dem Hauptfriedhof

Aplerbeck – Auf dem einstigen britischen Kasernengelände an der B1 wohnt das Geld: Der Tresorraum der Deutschen Bundesbank ist der größte Geldspeicher Deutschlands – so groß wie elf Fußballfelder – und ein Hochsicherheitstrakt, gesichert u. a. mit einem Wassergraben.
Hörde – Einzigartig in Europa ist die Entwicklung des ehemaligen Stahl-Standortes zu einem beliebten Stadtquartier in weniger als zehn

Jahren. Während im Osten der Phoenix See und ein Wohn- und Naherholungsgebieten entstand, gelang im Westteil die Ansiedlung zukunftsträchtiger Unternehmen im Schatten von Industrierelikten wie Hochofen, Brückenköpfen und Gasometer.

Hombruch – An der Tannenstraße steht der einzige Witz-Automat der Stadt: Für 20 Cent gibt's was zu lachen.

Lütgendortmund – Die Bartholomäuskirmes, auch „Pflaumenkirmes", findet seit 1359 statt und gilt damit als älteste Dortmunder Straßenkirmes. Haus Dellwig in Westrich ist nach Haus Bodelschwingh das größte und bedeutendste Wasserschloss in Dortmund.

Mengede – Prominentester Besucher des Stadtteils war 2005 der chinesische Präsident Hu Jintao, der während eines Deutschland-Aufenthalts die Bergmannsfamilie Twardy besuchte. Bei Tee und Kuchen plauderte man über deutsche Bergbautechnik.

Huckarde – Die Halde Deusen ist die schönste (ehemalige) Mülldeponie der Stadt. Oben auf dem Deusenberg lockt eine Mountainbike-Arena, und man hat einen großartigen Blick auf die gesamte Innenstadt.

Mountainbiker auf dem Deusenberg

Eving – Minister Stein war die letzte Zeche in Dortmund, die geschlossen wurde – das war 1987. Rund um den erhalten gebliebenen Hammerkopfturm und die ehemalige Kaue entstand ein neues Dienstleistungszentrum und Gewerbegebiet.

Innenstadt-Nord – Die Nordstadt hat das größte zusammenhängende Gründerzeitviertel in Nordrhein-Westfalen und mit dem „Big Tipi" im Fredenbaumpark das größte Indianerzelt der Welt.

Innenstadt-West – Der Westenhellweg ist eine der beliebtesten Einkaufsmeilen Deutschlands – und auch eine der teuersten. Die Ladenmieten liegen deutlich höher als in anderen Städten des Ruhrgebiets.

Innenstadt-Ost – Auf dem Ostfriedhof ist die Crème de la Crème der Dortmunder Wirtschaftsgeschichte begraben: von den Hoeschs über Unternehmer August Klönne bis zu Braumeister Fritz Brinkhoff.

Ein Tag in Dortmund

▶ 15 Babys kommen auf die Welt.

▶ 19 Dortmunder sterben.

▶ 134.298 Menschen fahren von außerhalb zur Arbeit nach Dortmund, 101.775 Dortmunder verlassen die Stadt zum Arbeiten.

▶ 1.052 Menschen besuchen durchschnittlich den Westfalenpark.

▶ 1.315 Kinder und Erwachsene kommen in den Zoo.

▶ 2.232 Gäste übernachten in der Stadt.

▶ 4.658 Medien werden in der Stadt- und Landesbibliothek ausgeliehen, darunter 493 E-Books.

▶ 87 Menschen ziehen in die Stadt, 82 ziehen weg.

Von Apotheke bis Zeche: die Stadt der Museen

Adlerturm

Dortmund ist die Stadt der Museen. Eine gute Gelegenheit, sie abzuklappern, ist die Museumsnacht, die in der Regel am dritten Samstag im September stattfindet. Ausreichen würde die Zeit jedoch nicht, sie alle zu besuchen: Zwischen Aplerbeck und Marten, Wellinghofen und Derne gibt es 25 Museen und Ausstellungsräume. In alphabetischer Reihenfolge: Das Kindermuseum **Adlerturm** macht das Dortmunder Mittelalter lebendig: In der Rekonstruktion eines mittelalterlichen Wehrturms am Wall erlebt man u. a., wie das Mittelalter roch oder wie sich eine Ritterrüstung anfühlt, und man kann die Dortmunder Fehde mit Playmobil-Figuren nachspielen.

Das **Apothekenmuseum** in der City zeigt die größte private pharmaziehistorische Sammlung mit weit über 10.000 Exponaten, eingerichtet im Stil einer alten Apotheke.

Eine Ausstellung rund 60 schicker Oldtimer ist im **Automobilmuseum** in Wellinghofen zu sehen; sie basiert auf der Sammelleidenschaft eines ehemaligen Dortmunder Formal-1-Piloten.

Das liebevoll eingerichtete **Bergbaumuseum** BV-Kleinzeche Mengede im ehemaligen Torhaus der Zeche Hansemann stellt den Beruf des Bergmanns und seine Alltags- und Wohnkultur vor.

„BINARIUM" nennt sich eine Ausstellung in Huckarde, die das erkärte Ziel hat, „das größte Museum für Heimcomputer und Spielkonsolen aller Generationen zu betreiben".

Im **Borusseum** im Signal Iduna Stadion wird die Vereinsgeschichte des BVB lebendig, während das **Brauerei-Museum** sich der langen und erfolgreichen Brautradition der größten Stadt Westfalens und des Ruhrgebietes widmet.
Die **DASA** in Dorstfeld ist eine Arbeitsweltausstellung zum Mitmachen – auf einer Fläche von fast zwei Fußballfeldern können Kinder und Erwachsene viel ausprobieren und erleben.
Das **Deutsche Fußballmuseum** ist die wirkungsvoll inszenierte Schatzkammer des deutschen Fußballs mit Top-Trophäen, die Fans emotionale Momente beschert. Im Hafengebiet findet man das privat betriebene **Deutsche Industrielack-Museum**, das „den Industrielack mit all seinem Facettenreichtum dem Besucher näher zu bringen" wünscht.
Der Hartware MedienKunstverein (HMKV) in der dritten Etage des Dortmunder U zeigt eine international beachtete Ausstellungen zeitgenössischer und experimenteller (Medien-)Kunst.
Das **Heimatmuseum Hörde** erzählt in der Hörder Burg von 800 Jahren Hörder Historie, während das **Heimatmuseum Lütgendortmund** das Gleiche im Vorhofgebäude des Wasserschlosses Haus Dellwig leistet.

Brauerei-Museum

Deutsches Fußball-Museum

Hoesch-Museum

Die Dauerausstellung des **Hoesch-Museums** schlägt den Bogen von den Anfängen der Eisen- und Stahlindustrie im Dortmunder Raum seit 1840/41 bis zum Strukturwandel der Gegenwart – im Mittelpunkt dabei steht natürlich die Geschichte des Unternehmens Hoesch.

Das **Museum für Kunst und Kulturgeschichte (MKK)** im denkmalgeschützten Sparkassengebäude an der Hansastraße zeigt Kulturgeschichte im Zeitraffer: von der Antike bis zum modernen Design.

Im **Magnetmuseum** der Magnetfabrik Tridelta in Aplerbeck kann man die unsichtbaren Kräfte bestaunen: Die Dauerausstellung gibt einen Überblick über historische und aktuelle Anwendungen von Dauermagneten, vor allem in der Elektrotechnik.

Im Westfalenpark liegt das Kindermuseum **Mondo mio!**: Auf 1.000 Quadratmetern geht es auf interkulturelle Entdeckungsreise mit kindgerechten Einblicken in die Vielfalt der Kulturen.

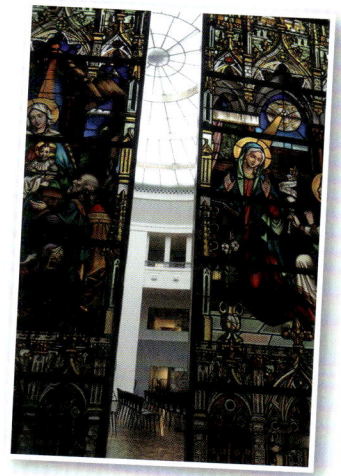

Rotunde des MKK

Das **Museum Ostwall** im Dortmunder U ist das Museum für die Kunst des 20. und 21. Jahrhunderts mit einer vielgerühmten Sammlung an expressionistischen Gemälden und der Kunst des Fluxus.

Das **Nahverkehrsmuseum** auf dem ehemaligen Betriebshof Mooskamp nahe der Kokerei Hansa bietet Fahrten mit historischen Schienenfahrzeugen auf der Hoesch-Werkbahntrasse und informiert in der alten Lokhalle über Aufarbeitung und Wartung.

Im frisch renovierten und modernisierten **Naturmuseum** an der Münsterstraße, dem ehemaligen Museum für Naturkunde, stehen nach seiner Wiedereröffnung im Sommer die Lebensräume im heutigen und historischen Dortmund im Mittelpunkt.

Der **schauraum: comic + cartoon** neben der Stadt- und Landesbibliothek zeigt hochkarätige Ausstellungen rund um Comics, Graphic Novels, Karikaturen und Co. und lockt Fans von weither an.

In der Gedenkstätte **Steinwache**, dem ehemaligen Polizei- und Gestapogefängnis am Nordausgang des Hauptbahnhofs, lässt sich in einer Dauerausstellung „Widerstand und Verfolgung in Dortmund 1933–1945" nachvollziehen.

In einer ehemaligen Schule in Marten ist das **Westfälische Schulmuseum** und seine schulgeschichtliche Sammlung – eine der größten Deutschlands – untergebracht. Die Ausstellung zeigt die Schul- und Kindheitsgeschichte des späten Mittelalters, der Kaiserzeit und der NS-Zeit.

Das LWL-Industriemuseum **Zeche Zollern** ist schon wegen seiner Gebäude eine Attraktion – die Dauerausstellung erzählt von der Geschichte des Bergwerks, von den Menschen, die dort arbeiteten, und ihrem Alltag, von den Gefahren unter Tage, den Wegen der Kohle und vielem mehr. Die Ausstellung ´10 im Polizeipräsidium macht die Vielfalt der Polizeiarbeit transparent.

Zeche Zollern

Verwechslung am Friedensplatz

Dortmund hat ein altes sowie ein neues Stadthaus und ein neues Rathaus. Ein altes Rathaus hat es seit 1955 nicht mehr – leider! Wäre es damals nicht abgerissen worden, es wäre das älteste steinerne Rathaus im deutschen Sprachraum nördlich der Alpen.

Das Gebäude, das viele für das alte Rathaus halten, liegt am Friedensplatz, direkt gegenüber dem neuen, 1989 eingeweihten Rathaus, und es wirkt mit seinem riesigen Adler, dem Stadtwappen, an der Giebelspitze tatsächlich so, als habe hier früher der Rat der Stadt getagt. „So fast as doerpem", heißt es auf einem Relief an der Fassade, „so fest wie Dortmund". Der Spruch erinnert an die „Große Dortmunder Fehde" (1388–

Altes Stadthaus

1389), als sich die Reichsstadt Dortmund gegen Angriffe und die Belagerung durch Truppen des Kölner Erzbischofs, der Märkischer Grafen und 20 anderer Städte verteidigte. Doch trotz aller Insignien städtischer Macht: Das Gebäude aus rotem Sandstein im Stile der Neorenaissance ist das Alte Stadthaus – also der Sitz der Verwaltung, nicht der Politik.

Kein Wunder, dass man durcheinander kommt: Architekt Friedrich Kullrich (1859–1934) hatte sich anno 1899 in der Gestaltung seines Stadthauses an den Formen des alten, in der ersten Hälfte des 13. Jahrhunderts erbauten Rathauses orientiert. Das stand nur wenige Meter entfernt auf dem Alten Markt. Es wurde im Zweiten Weltkrieg zerstört und schließlich abgerissen. Das Alte Stadthaus ist noch heute Sitz der Stadtverwaltung, es beherbergt u. a. das Standesamt mit einem repräsentativen, sehr begehrten Trauzimmer.

Total zentral

51 Grad 28 Minuten 40,5 Sekunden nördlicher Breite und 7 Grad 33 Minuten 14,7 Sekunden östlicher Länge: Das sind die exakten Daten der geografischen Mitte von Nordrhein-Westfalen, und die liegt in Dortmund – an der Gurlittstraße in Aplerbeck, mitten in einem Wohngebiet.
Herausgefunden hat dies die Bezirksregierung Arnsberg. Damit hat sie zum dritten Mal einen Punkt festgelegt, der NRWs Mitte sein soll. Seit 1980 galt ein anderer Ort, ebenfalls in Aplerbeck, aber einige Hundert Meter entfernt, als Mittelpunkt des Landes, in den 1990ern wurde dann der Garten eines Einfamilienhauses zum Zentrum erklärt. Dank der Satellitentechnik sind die Berechnungen inzwischen ganz exakt und werden sich auch mit besserer Technik höchstens noch um wenige Meter verschieben.

Der „Kokon" in der Mitte von NRW

Das ist auch gut so – denn seit Juli 2019 wird der Mittelpunkt in NRW nun mit einem Kunstwerk markiert und geadelt. Die Skulptur „Kokon" stammt von der Münsteranerin und gebürtigen Aplerbeckerin Christine Böse, die eine Ausschreibung zur Kunst in NRWs Mitte gewann. Die 2,50 Meter hohe Skulptur zeigt den zweifachen Umriss des Landes NRW und ist um eine innere Achse gespiegelt, sodass es aus allen Richtungen erkennbar ist. Ringsherum wird die Skulptur umspannt von einem Kokon aus Stahldrähten. „Kokon" symbolisiert nach Angaben der Künstlerin die Metamorphose, den Strukturwandel und die Vernetzung von NRW in Gegenwart und Zukunft.

Ohne rauchende Schlote

Im Mittelalter war Dortmund eine wichtige Hansestadt und fiel dann jahrhundertelang in die Bedeutungslosigkeit. Tatsächlich war es die Industrialisierung, die Dortmund ab Mitte des 19. Jahrhunderts rasend schnell richtig groß machte: Zwischen 1850 und 1920 wuchs die Einwohnerzahl etwa um das Dreißigfache auf über 300.000. Dortmund wurde binnen zwei Generationen vom Ackerstädtchen zur Großstadt und ist es bis heute geblieben. Inzwischen hat sich die Einwohnerzahl noch einmal verdoppelt, auf gut 600.000 – doch eine Industriestadt ist Dortmund längst nicht mehr! Die letzte Zeche „Minister Stein" wurde 1987 geschlossen – immerhin schon 31 Jahre vor dem endgültigen Ende des Steinkohlebergbaus. Kokereien gibt es in Dortmund nur noch als Industriedenkmäler; in der letzten, der Kokerei Kaiserstuhl, gingen im Jahr 2000 die Öfen aus – und inzwischen in China wieder an, denn dorthin wurde die Anlage verkauft. Und auch die beiden letzten Stahlwerke sind Vergangenheit: Das eine ist dem Phoenix See gewichen, und an Stelle des anderen steht heute u. a. das Logistik-Center des US-Unternehmens Amazon, in dem rund 2.000 Menschen arbeiten.
Kein Wunder, dass das Team des Dortmunder Tatorts auswärts drehen muss, wenn das Drehbuch rauchende Schlote oder rußgeschwärzte Malocher erfordert. Die führenden Branchen in Dortmund sind heute Logistik, IT und die Gesundheitswirtschaft. Industriearbeitsplätze gibt es noch immer viele – Unternehmen wie der Pumpenhersteller WILO SE gehören zur Top Ten der Dortmunder Arbeitgeber. Es sind die schmutzigen Industriebetriebe, die verschwunden sind. Tatsächlich ist Dortmund eine der grünsten Großstädte Europas. Bei einer Untersuchung der Satellitenbilder von 79 Großstädten fand die Zeitung „Berliner Morgenpost" heraus, dass Dortmund bei den Städten mit mehr als 500.000 Einwohnern mit einem Grünflächen-Anteil von 70,7 % bundesweit auf Platz 2 liegt – nach Hamburg. Dortmund zählt bereits 26 Naturschutzgebiete, 35 sollen es demnächst werden – das sind dann 10 % der gesamten Stadtfläche.

Die Uni war nur der Anfang

Dortmund hat eine Hochschule? Nun ja: Es ist nicht nur eine, es sind viel mehr. Die älteste ist die 1968 gegründete Universität, die sich seit 2007 „Technische Universität Dortmund" nennt. Die TU ist mit ihren 16 Fakultäten und rund 35.000 Studierenden auch die größte Hochschule in der Stadt – aber nicht die einzige: Inzwischen hat Dortmund sieben Hochschulen, dazu 19 Forschungseinrichtungen, insgesamt 54.000 Studierende und über 10.000 Beschäftigte, die in diesen Einrichtungen arbeiten.

Neben der TU ist da die Fachhochschule, deren rund 14.000 Studierende an mehreren Standorten im Kreuzviertel und auf dem Campus Nord in Barop lernen. Eine weitere Fachhochschule, die Hochschule für Polizei und öffentliche Verwaltung NRW, bildet angehende Polizisten und Studierende für den gehobenen Dienst in Land und Kommune aus, ebenfalls in Barop. Die

„International School of Management" im Technologiepark ist eine Privathochschule, die den Wirtschaftsnachwuchs ausbildet Angedockt daran ist das IT-Center, an dem die IT-Spezialisten von morgen studieren.

Im Osten der Stadt, an der „Stadtkrone Ost", hat die private Hochschule FOM einen Standort, und an der B 1 sitzt die „Internationale Hochschule Duales Studium", die die Studiengänge Marketing Management, Soziale Arbeit und Tourismuswirtschaft anbietet. Und dann ist da noch die wohl außergewöhnlichste Hochschule: das Orchesterzentrum in der Brückstraße mitten in der City – europaweit die erste hochschulübergreifende Ausbildungsstätte für Orchestermusiker, die dort auf eine Karriere in renommierten Orchestern vorbereitet werden.

Wenn man die beiden Fraunhofer-Institute, die zwei Leibniz-Institute und ein Max-Planck-Institut dazunimmt, außerdem weitere Forschungseinrichtungen wie das Institut für Landes- und Stadtentwicklungsforschung, die Bundesanstalt für Arbeitsschutz und Arbeitsmedizin, das Institut für Zeitungsforschung oder das Fritz-Hüser-Institut, kann man tatsächlich von Dortmund als Wissenschaftsstadt sprechen.

Automatisch befördert: die H-Bahn

Wer in Dortmund studiert, wird automatisch befördert! So lautete Ende der 1980er Jahre ein Werbespruch des damaligen Kommunalverbandes Ruhr, heute RVR. Das dazugehörige Foto zeigte die H-Bahn auf ihrem Weg vom Campus Nord zum Campus Süd. Inzwischen wurde die Strecke zweimal erweitert; längst fahren nicht nur Angehörige der Technischen Universität mit der Hängebahn, sondern auch die Beschäftigten im Technologiepark – und immer wieder auch Besucher, die nur wegen der H-Bahn das Uni-Gelände ansteuern. Täglich nutzen 8.500 Menschen das etwas andere Verkehrsmittel.
Am 2. Mai 1984 wurde die Hängebahn als weltweit erste vollautomatisierte Bahn in Betrieb genommen. Für die 1,1 Kilometer lange Strecke zwischen Campus Nord und Süd benötigt die H-Bahn weniger als zwei Minuten, sie fährt 50 Kilometer pro Stunde und macht dabei kaum Lärm. Schneller als mit der H-Bahn kommt man mit keinem anderen Verkehrsmittel von einem Campus zum anderen, und schöner auch nicht: Panoramafenster gewähren den Fahrgästen aus etwa 16 Metern Höhe einen freien Blick auf die grüne Umgebung. Seit der Eröffnung wurde die Strecke alle zehn Jahre erweitert: erst nach Eichlinghofen und zum S-Bahn-Halt „Universität", dann zum Technologiepark mit seinen rund 280 Unternehmen. Heute hat die H-Bahn fünf Haltestellen, vier Fahrzeuge, 3 Kilometer Fahrstrecke, zwei Linien – und ein Problem: Obwohl sie absolut sicher, verlässlich und umweltfreundlich fährt, fand sich außer dem Flughafen Düsseldorf, der die H-Bahn „Sky-Train" taufte, kein weiterer Abnehmer für die Siemens-Technik. Zwar informierten sich in der Vergangenheit Verkehrsbetriebe aus aller Welt bei der H-Bahn-Gesellschaft, und die Techniker der H-Bahn konnten sogar beim Bau der Transrapid-Strecke in Shanghai helfen. Doch selbst in Dortmund scheiterte es an mangelnder Wirtschaftlichkeit, die Trasse bis in die Stadt zu führen. Letztlich kam die H-Bahn wohl zu spät: Mitte der 1980er Jahre hatten die Städte längst in U-Bahnen investiert.

Kult-Quartier mit Geschichte

Das markante Dortmunder U, Dortmunds erstes Hochhaus, war einmal das Lager der Union-Brauerei, und steht mitten im Unionviertel. Dennoch war es nicht (nur) das Union-Bier und sein markantes Gebäude, das dem Viertel seinen Namen gegeben hat – sondern auch die „Dortmunder Union", ein Konzern, der 1872 – etwa zur gleichen Zeit wie die Brauerei – aus dem Zusammenschluss mehrerer Bergbau-, Eisen- und Stahlunternehmen im Ruhrgebiet und im Sauerland entstand. Im Ersten Weltkrieg lieferte die Union als bedeutender Kriegslieferant Granaten und ging dann in den 1920er Jahren in der „Vereinigte Stahlwerke AG" auf. Die monumentale Hauptverwaltung der Dortmunder Union an der Rheinischen Straße steht noch immer; inklusive der Inschrift „Es lobt den Mann die Arbeit und die Tat", der weithin sichtbar über zehn Säulen prangt.
„Unionviertel" heißt das Quartier in der westlichen Innenstadt überhaupt erst seit wenigen Jahren: Der Name wurde mit einer Imagekampagne im Jahr 2012 verankert. Zuvor war das Künstler- und Kreativenviertel rund um den Westpark auch als „Westend" oder „Westviertel" bekannt. Einen (statistischen) Bezirk „Union" gab es allerdings schon vorher.
Das heutige Unionviertel als Wohngebiet entstand im Wesentlichen um die Jahrhundertwende, als sich Dortmunds Bevölkerung rasant vervielfachte – zwischen 1880 und 1910 stieg die Einwohnerzahl der Stadt von 66.000 auf 215.000. Ein Wohnungsbau-Boom war die Folge, dem das Viertel viele der heute schick renovierten Altbauten verdankt.

„Ghetto" mit Zukunft

Kaum ein Gerücht hält sich hartnäckiger als das über die Gefährlichkeit der Dortmunder Nordstadt. Ein Ghetto sei das Viertel nördlich des Hauptbahnhofs, gar ein Slum oder eine „No-Go-Area". Nordstadt-Bewohnern können diese Vorurteile nur recht sein – sie sorgen dafür, dass die Mieten vergleichsweise gering bleiben und die Nordstadt eine Art Geheimtipp. Lebensmüde Gefahrensucher sind diese Nordstadt-Bewohner nicht – sie wissen allerdings, dass sich ein Image, das einmal besteht, nur sehr langsam wandelt, auch wenn es nicht (mehr) der Realität entspricht.

Doch wer die Nordstadt googelt, findet gleich auf der ersten Seite viele Medienberichte, die von Drogen, Kriminalität und Armut handeln. Einige dieser Berichte sind schon älter und viele zeigen einen äußerst begrenzten und einseitigen Blick auf ein Viertel, das erkennbar bereits mit vorgefertigter Meinung besucht wurde.

Es gibt die Fakten: In der Nordstadt leben mehr Menschen mit Einwanderungsgeschichte, mehr Arbeitslose und Sozialleistungsempfänger als in anderen Stadtvierteln. Es gibt dort Prostitution, Drogenhandel und auch Kriminalität – doch die Zahl der in der Nordstadt begangenen Straftaten sinkt von Jahr zu Jahr. Zwischen 2014 und 2019 ist sie um knapp 41 % zurückgegangen. Nirgends in der Stadt ist die Polizei präsenter.

Demgegenüber stehen Dutzende Gründe, die für das Leben am Hafen, am Nordmarkt oder Borsigplatz sprechen – hier nur mal die fünf naheliegendsten:

    1. Die Nordstadt ist das größte zusammenhängende Gründerzeitviertel Nordrhein-Westfalens. Nicht alle Gebäude sind schon schick saniert oder renoviert – aber viele. Für relativ wenig Geld kann man in wunderschönen Altbauwohnungen leben.

    2. Kein anderes Viertel hat so viele spannende Kulturorte in dieser Dichte. In der Nordstadt liegt das besucherstärkste städtische Museum, das frisch sanierte Naturmuseum. Brauerei- und Hoesch-Museum erzählen von den Wirtschaftszweigen, die Dortmund groß und bekannt gemacht haben. Es gibt so viele Ateliers, dass die Nordstadt-Künstler einen eigenen „Tag der offenen Nordstadt-Ateliers" anbieten. Vier der sechs Kinos, die Dortmund (nur noch) hat, liegen in der Nordstadt, und dazu mit dem „Theater im Depot" und dem Roto-Theater zwei freie Bühnen.

3. Wo man in der Nordstadt auch wohnt, es ist nie weit ins Grüne. Immer etwas los ist im Fredenbaumpark; er gehört zu den größten Parkanlagen der Stadt. Der Hoeschpark ist ein Sportpark, dort kann man Tennis, Baseball, American Football oder Fußball spielen, Leichtathletik treiben, Boxen, Boule spielen, Joggen oder Schwimmen. Vom Hafen führt ein Radweg immer entlang des Dortmund-Ems-Kanals bis zum Schiffshebewerk Henrichenburg gen Westen.

4. Die Nordstadt liegt am Hafen, und der entwickelt sich derzeit rasant: In einem Entwicklungsprojekt der Superlative versuchen die Stadt Dortmund und die Hafen-AG derzeit, das Areal noch stärker zu beleben und zu öffnen. Bürogebäude, Gewerbeansiedlungen, Gastronomie und eine Flaniermeile direkt am Wasser sollen entstehen, ohne dass dabei die gewachsene bunte Mischung aus Künstlern und Kreativen ihre Heimat verliert. Letztere sind skeptisch und befürchten Verdrängung. Andere sagen: Bis am Dortmunder Hafenbecken Immobilien-Haie überleben können, fließt noch viel Wasser den Kanal entlang …

5. Die Nordstadt ist jung: Nicht nur, dass es der kinderreichste Dortmunder Bezirk ist, es finden sich dort auch die spannendsten und coolsten Kneipen, Clubs und Projekträume.

Der Dortmunder Hafen: Das beleuchtete Alte Hafenamt wurde 1898 errichtet.

Deusens dramatischer Wandel

Wer heute durch Deusen im nördlichen Bezirk Huckarde fährt, sieht einen dörflichen Stadtteil, reizvoll gelegen zwischen Emscher und Dortmund-Ems-Kanal, gerahmt u. a. vom Fredenbaumpark und dem „Deusenberg", auf dem sich Spaziergänger und Mountainbiker treffen – und all das nur 4 Kilometer von der City entfernt.
Ganz anders in den 1930er Jahren. Damals war Deusen eingekesselt von den Zumutungen der Industrialisierung. Es war schmutzig, es stank und es war laut. Emscher und Kreyenbach flossen als oberirdische Abwasserkanäle. Der Deusenberg war noch eine offene Müllkippe, dazu gesellten sich Kläranlage, Tierkörperverwertungsanlage, Gasrußwerke und Zeche Hardenberg. Wer dort wohnte, der konnte nicht anders, und so ging es vielen mitten in der Weltwirtschaftskrise. In Deusen schliefen die Ärmsten der Armen in Eisenbahnwagen als Notunterkunft, hier standen Not-Baracken für „Asoziale". Jeder dritte Dortmunder war arbeitslos, 70.000 Menschen lebten von der Wohlfahrt – und viele davon in Deusen.
In dieser Situation stellte die Stadt Dortmund einen Maßnahmenkatalog vor: „Zur Bekämpfung der Arbeitslosigkeit durch Siedlung". Man wollte eine Insel-Siedlung inmitten der Deusener Industrielandschaft errichten – oder vielmehr: errichten lassen. Zielgruppe des Siedlungsbaus waren arbeitslose und möglichst kinderreiche Handwerker, und die sollten selbst Hand anlegen. Im ganzen Land gab es ähnliche Wohnungsbauprogramme – doch Deusen wurde eine der größten dieser Siedlungen Marke Eigenbau, die deutschlandweit entstanden.
„Es kann losgehen – Stadtrandsiedlung Deusen – Für 234 Siedlerstellen 585.000 Mk. vom Reich zur Verfügung gestellt", meldete die „Volks-Zeitung" im Januar 1932. 4.000 Bewerber gab es für die 234 Eigenheime mit Grund-

stück zur Selbstversorgung. Ein Jahr nach dem Spatenstich waren alle bezogen. Dabei bauten die künftigen Bewohner nicht etwa ihre eigenen Häuser: Um die Qualität sicherzustellen, wurden die Häuser nach Fertigstellung unter den Bauarbeiter-Familien verlost. In dieser Zeit entstand der starke Zusammenhalt unter den Bewohnern der Siedlung, der noch heute spürbar ist.
Doch die Wohnqualität in Deusen stieg nur langsam: Erst einmal wuchs nach dem Zweiten Weltkrieg die Müllkippe Deusen um die Reste des alten Dortmunds. Allein im Jahr 1949 beförderten Eisenbahnwaggons mehr als 1,5 Millionen Tonnen Trümmerschutt vom Hauptbahnhof zur Kippe.
Schnell boomte die Industrie nach dem Krieg wieder, und Deusen drohte die Auslöschung: Bis in die 1970er Jahre mussten die Bewohner fürchten, einer Hafen- und Kanalerweiterung weichen zu müssen. Dann folgte der nächste Schlag: Die Mülldeponie sollte weiter ausgedehnt und ausgebaut werden. Die Deusener konnten das verhindern – und auch, dass dort im Jahr 1985 kontaminierte Erde aus Dorstfeld-Süd gelagert wurde.
Heute gibt es noch immer viel Industrie und Gewerbe rund um Deusen: Im Norden grenzen das Güterverteilungszentrum und das riesige IKEA-Logistikcenter, im Süden einer der größten und umschlagreichsten Kanalhäfen in Europa. Doch da sind eben auch das Industriedenkmal Kokerei Hansa, der heute grüne Deusenberg, statt der Zeche lockt das Freibad Hardenberg, und der Kanal ist längst zum Ausflugsziel und Freizeitareal geworden.
„In den vergangenen Jahren hat sich die Zahl der Häuser zwischen Stiegenweg und Deuser Wiesen um ein Vielfaches erhöht. Der Ort gilt heute als einer der ersten Adressen für Dortmunder Häuslebauer. Schmucke, moderne Eigenheime reihen sich aneinander, neue Spielstraßen und Sackgassen entstanden, umgeben von viel Grün und Wanderwegen. Doch eines hat sich bis heute erhalten: Viele, die in Deusen bauen, brauchen kein Unternehmen dafür. Sie machen es selbst, und, wie immer schon, mit Hilfe der Nachbarn", beschrieb die „Westfälische Rundschau" 2008.

Von der Schnapsidee zur eigenen Brauerei

Bergmann Bier ist Kult: Die kleine Brauerei mit großer Tradition hat eine riesige Fangemeinde. Der eigene Kiosk am Hohen Wall in 1950er-Jahre-Architektur ist ein stark frequentierter Treffpunkt nach Feierabend und am Wochenende, der Biergarten an der Brauerei auf Phoenix West ein beliebtes Ausflugsziel. So lecker Bergmann Pils und Export, Schwarzbier und Spezial, Adam Bier oder die „Hopfensünde" sind, so spannend ist die Geschichte der Brauerei, die eigentlich schon längst Geschichte war.
Die erste Bergmann Brauerei gründete Wilhelm Dietrich Johann Bergmann im Jahr 1796 in Dortmund-Rahm. Sie existierte mehr als 170 Jahre lang, bis die Ritter Brauerei sie 1971 übernahm. Bergmann Bier gab es nun nicht mehr – wohl aber die Markenrechte dafür. Und genau darüber stolperte im Jahr 2005 der Dortmunder Mikrobiologe Thomas Raphael. Es kostete ihn 300 Euro, die Rechte zu erwerben – ohne damit einen bestimmten Zweck zu verfolgen. Er hatte zu Hause einen Bierkrug der Bergmann Brauerei, ein Flohmarkt-Fund, und hängte sich die Inhaber-Urkunde über den Schreibtisch. Immer noch aus Spaß ließ er einen Braumeister aus Hagen ein Export-Bier brauen, 6.000 Liter, die er sich mit Freunden teilte. Es kam so gut an, dass rasch Nachschub gebraut werden musste. Irgendwann war das Bergmann Bier zu erfolgreich, um das Geschäft nebenbei zu betreiben. Ein Geschäftspartner stieg ein, eine GmbH wurde gegründet – und die Geschichte der Bergmann Brauerei begann von vorn. Die erste Braustätte lag im Lager einer alten Gießerei im Dortmunder Hafen, 2017 wurde die neu gebaute Brauerei mit angeschlossener Stehbierhalle im Gewerbegebiet Phoenix West in Betrieb genommen.
„Harte Arbeit. Ehrlicher Lohn" – der Werbespruch für das Bier gilt auch für die Unternehmer, die als neuer David auf dem Markt gegen die Goliaths unter den etablierten Brauereien kämpften. Heute hat die Bergmann Brauerei zwölf fest angestellte Mitarbeiter inklusive eines Brauer-Azubis und rund 30 Aushilfskräfte. Das ist kaum der Rede wert im Vergleich zur DAB, die in Dortmund

etwa 500 Menschen beschäftigt und 2 Millionen. Hektoliter ausstößt. Ganz schnell richtig groß werden – das will die Bergmann Brauerei gerade nicht, und das würde auch nicht recht passen zu diesem Unternehmen. Typisch, was die „Bergmänner" zum Thema Werbung auf ihrer Webseite schreiben: „Ist eigentlich nichts, was wir wirklich machen wollen. Aber natürlich müssen auch wir informieren und dafür sorgen, dass man uns kennt, über uns spricht und unser Bier trinkt." Na dann: Prost!

Firmengründer Thomas Raphael vor dem Kiosk der Bergmann Brauerei am Hohen Wall

Wein aus der Bierstadt

Kein Zweifel, Dortmund ist eine Bierstadt. Zu den Hochzeiten, Mitte der 1960er Jahre, kam ein Zehntel der deutschen Bierproduktion aus den sieben Dortmunder Brauereien. Nur in Milwaukee in den USA flossen noch mehr Hektoliter in die Flaschen. Das hat sich geändert; inzwischen spricht man in Dortmund nicht mehr davon, Europas Bier-Hauptstadt zu sein, sondern nennt sich bescheidener „Bier-Großstadt". Immerhin: Früher wie heute ist Bier das Getränk der Wahl in Dortmund. Im westlichen Westfalen Wein anzubauen, klingt erst einmal nach einer Schnapsidee.

Und doch gibt es ihn: Der „Neues Emschertal Phoenix" ist ein Tropfen, der exklusiver nicht sein könnte. Aus den 150 Flaschen, die die Lese für den Jahrgang 2018 brachte, ging keine einzige in den Verkauf, sondern wurde bei einer Verkostung für einen guten Zweck ausgeschenkt.

Doch der Weinberg an der Emscher ist kein Marketing-Gag. Weinbau in Hörde hat tatsächlich eine jahrhundertealte Tradition: Bis in das 15. Jahrhundert, fand der Heimatverein Dortmund-Hörde heraus, wurde in Dortmund Wein angebaut. In den Straßen- und Flurnamen spiegelt sich das noch heute wider: Da gibt es die Weinbergstraße und die Winzerstraße, „Am Weinberg" oder „Am Rebstock". Während es im Mittelalter bei der Wein- ebenso wie bei der Bierproduktion allerdings eher darum ging, eine durstlöschende Alternative zum verschmutzten Wasser zu erhalten, ist die Weinproduktion heute ein Zeichen „für die neue Lebens- und Erlebnisqualität im Neuen Emschertal, ist Zeichen des Wandels im einst von Kohle- und Stahlindustrie geprägten ‚Kohlenpott'" – so beschreibt es die Emschergenossenschaft.

Der Wasserverband ist es auch, der den Weinberg am See mit 96 Weißwein-Reben seit 2012 bewirtschaftet. Ursprünglich nur, um herauszufinden, ob der Klimawandel tatsächlich schon so weit fortgeschritten ist, dass Weinanbau auf dem 51. Breitengrad glückt. Dass das Experiment gelang, ist eine schlechte Nachricht fürs Klima – und eine gute für Hörde. Sogar einen Weinlehrpfad hat man dort angelegt, den nördlichsten in Deutschland. An fünf Stationen kann man nun am Nord-Ost-Ufer des Phoenix Sees lernen, wie Wein entsteht, wie der Weinanbau an der Emscher betrieben wird – und was das mit dem Klima zu tun hat. Die angebaute Weißwein-Rebsorte trägt den Namen Phoenix, ist wenig schädlingsanfällig und kann quasi biologisch angebaut werden.

Im Stadtteil Barop, am Emscher-Zufluss Rüpingsbach, gibt es bereits einen weiteren und größeren Weinberg mit über 300 Reben der Rotwein-Sorte Cabernet Noir. Wer mag, kann mitmachen: Bürger dürfen den Weinberg mit Unterstützung einer Winzerin mit bewirtschaften – und Dortmund Schluck für Schluck zu einer Weinstadt machen.

Weinberg am Phoenix See

Dortmunds unterirdisches Labyrinth

Unter der Erde ist Dortmund durchlöchert wie ein Schweizer Käse. Doch es sind nicht nur U-Bahnen und die Kanalisation, die für kilometerlange Verbindungen unter der Erde sorgen: Etwa 16 Meter unter Dortmunds Innenstadt befindet sich der vermutlich größte zivile Luftschutzstollen der Welt, vom Hauptbahnhof im Norden bis zur Adlerstraße Höhe Annenstraße im Westen, zur Hansastraße im Osten und zur Möllerstraße Höhe Beurhausstraße im Süden.
Kaum jemand kennt die vielen gut gesicherten und verschlossenen Eingänge, die noch heute in die Tiefe führen. Insgesamt 19 waren es einmal, heute sind viele davon verbaut oder verschwunden und die übriggebliebenen nicht leicht erkennbar: es sind Gully-Deckel, Gitterroste oder Lüftungsschächte.
Die Geheimnistuerei hat ihren Grund. Die 4,8 Kilometer lange Anlage, die bei Bombenangriffen auf die Stadt im Zweiten Weltkrieg Zehntausenden Menschen Sicherheit bot, darf nur unter besonderen Sicherheitsvorkehrungen betreten werden. Zu groß ist die Gefahr, sich in den verzweigten und verwinkelten, noch dazu stockdunklen Gängen mit Gas zu vergiften, zu verlaufen oder gar zu ertrinken: In einigen Gängen steht das Wasser hüfthoch.
Mehr als 100 Bombenangriffe auf Dortmund gab es zwischen Mai 1943 und März 1945, darunter am 12. März 1945 der schwerste Angriff, der im Zweiten Weltkrieg auf eine deutsche Stadt geflogen wurde. Mehr als 4.800 Tonnen Bomben trafen die Stadt an diesem Tag. Dortmund war anschließend zu über 90 % zerstört, 7.000 Dortmunder waren im Bombenhagel gestorben. Ohne den Tiefstollen unter der Innenstadt wäre die Zahl der Opfer wohl um einiges größer gewesen.
Auch wenn er der größte seiner Art ist, war der Luftschutzstollen noch lange nicht fertig, als sein Ausbau mit Kriegsende eingestellt wurde. Geplant war

eine Ausdehnung auf etwa 9 Kilometer und offenbar eine Verbindung zu anderen, bereits bestehenden Stollenanlagen der Stadt. Die Baupläne wurden nach Kriegsende vernichtet, doch so lange mussten Kriegsgefangene und Zwangsarbeiter am Ausbau weiterarbeiten. Während einige der Stollengänge sauber mit Beton gesichert oder mit Wellblech verkleidet sind, sind andere Teile noch roh und unfertig.

Die letzten öffentlich dokumentierten Begehungen in der Stollenanlage waren allesamt illegal, doch ihnen ist es zu verdanken, dass man die unterirdische Welt im Internet in Filmen und Fotos anschauen kann. Zu sehen sind von den Decken wachsende Stalaktiten, Metallschrott und Schuttberge, liegen gelassene Werkzeuge und Graffitis bekannter Dortmunder Sprayer zwischen historischen Warnschildern: „Diebstahl der Einrichtungs-Gegenstände wird streng, in schweren Fällen mit dem Tode bestraft. Der Polizeipräsident", ist da zu lesen, „Das Mitbringen von Kinderwagen oder Fahrrädern ist verboten", oder auch: „Das Stehenbleiben ist verboten."

Viele Menschen interessieren sich für die Stollenanlage, versuchen, die Schlösser zu den Zugängen zu knacken, um dort einzubrechen, oder fragen ganz offiziell nach einer Möglichkeit an, die Anlage zu begehen. Tatsächlich gab es Versuche, die verborgene Ebene unter der Stadt neu zu nutzen, nachdem der Tiefstollen in den 1990er Jahren aus der Zivilschutzbindung entlassen wurde – zuletzt im Jahr 2008. Die Stadt ließ in einer Machbarkeitsstudie klären, ob eine Nutzung möglich sei – etwa für Führungen unter dem Motto „Dortmund von unten". Das Ergebnis war negativ. Der größte zivile Luftschutzstollen ruht also weiter still unter der Erde – vielleicht wird seine Zeit irgendwann kommen.

Karibik-Feeling made im Pott

Wenn Menschen irgendwo auf der Welt zu karibischer Musik die Hüften schwingen, dann ist es nicht unwahrscheinlich, dass auch ein Produkt aus Dortmund den Takt mit angibt: Der Dortmunder Eckhard C. Schulz ist mit seiner Firma einer der weltweit führenden Steelpan-Bauer. In einer kleinen Oase der Weltmusik mitten in der östlichen Innenstadt, im Pankulturzentrum an der Güntherstraße, dreht sich auf 500 Quadratmetern alles um klingende Ölfässer. Denn nichts anderes sind die Steelpans, die er dort in seiner Manufaktur E.C.S. anfertigt – wenn auch inzwischen mit fertig zugeschnittenen Rohlingen statt mit Ölfässern.

Rund um den Globus erklingen inzwischen mehr als 10.000 dieser ungewöhnlichen Instrumente made in Dortmund. Der Klang erinnert an einen Mix aus Glockenspiel und Vibraphon, laut und weittragend, betörend und samtig. Die Pan, übersetzt „Pfanne", wurde um 1930 in Trinidad und Tobago erfunden. Schulz brachte sich in den 1970er Jahren selbst bei, das Instrument zu bauen und verkauft es für mehrere Hundert bis mehrere Tausend Euro in die ganze Welt – von der acht Töne umfassenden Kinder-Pan bis zur „Queen", die 42 Töne schafft. Die ersten Steelpans waren schlicht mit einem Vorschlaghammer nach innen ausgebeulte Ölfass-Böden, die anschließend wieder nach außen gehämmert wurden. Dadurch verändert sich die Stimmlage: Es entsteht eine Tonfläche, die je nach Größe des Fasses anders klingt. Heute verfügen Steelorchester über die gleiche Stimm- und Klangvielfalt wie ein klassisches Ensemble.

Eckhard Schulz gründete 1995 mit den Dortmunder Musikern Martin Buschmann und Jürgen Lesker den Verein „Pankultur e.V.", der inzwischen 150 Mitglieder hat – darunter viele Kinder, denn das Steelpan-Spielen kann man schon mit drei Jahren lernen. Im Pankultur Zentrum proben zum Beispiel das „Bäng Bäng Orchester" oder die „Bäng Bäng Marching Band", die auf Festivals in der Region, aber auch international auftreten.

Zeche der Superlative

Die Zeche Zollern in Dortmund war ein eher kleiner Pütt und hat, bis sie Mitte der 1960er Jahre vollends stillgelegt wurde, wirtschaftlich niemals groß von sich reden gemacht. Berühmt ist sie trotzdem – aus gleich zwei ganz unterschiedlichen Gründen. Zum einen ist das Steinkohlebergwerk im Stadtteil Bövinghausen atemberaubend schön. „Das sieht ja aus wie ein Schloss!", rufen häufig Besucher, die die Lohnhalle mit neugotischer Giebel-Fassade und flankierenden Türmchen zum ersten Mal erblicken. Genau dieser Eindruck ist beabsichtigt. Die Bauherren, damals die Gelsenkirchener Bergwerks-AG (GBAG), wollten eine Musterzeche schaffen, ein Gesamtkunstwerk. Kein Wunder, dass die Zeche – genauer: ihre Maschinenhalle – 1987 sogar auf einer 80-Pfennig-Briefmarke verewigt wurde.
Trotzdem wäre die Zeche beinahe abgerissen worden und das in Europa einzigartige Jugendstil-Portal einer Maschinenhalle gleich mit.
Die Zeche hatte 1902 ihren Betrieb aufgenommen, 53 Jahre später wurde die letzte Kohle gefördert. Schon lange vorher war in Technik und Gebäude nicht mehr investiert worden – zur großen Freude der Denkmalschützer und Historiker von heute, blieb so doch die Originalausstattung erhalten.
Die Rettung gelang dank des hartnäckigen Engagements einer kleinen Zahl weitsichtiger Menschen, die von der exemplarischen Qualität der Anlage begeistert waren und sich nicht beirren ließen – darunter auch das berühmte Fotografen-Ehepaar Bernd und Hilla Becher. Am Ende half ein Brandbrief an den Ministerpräsidenten Heinz Kühn, die Abbruchplanung wurde gestoppt und aus der Zeche ein Denkmal. Genau das ist der zweite Grund für die Berühmtheit – denn Zeche Zollern war das erste Industriedenkmal überhaupt. Erst aus dieser Initiative entwickelte sich in den späten 1960er Jahren die Industriedenkmalpflege.

Hoeschianer, Chinesen, Amerikaner: die vielen Geschichten der Westfalenhütte

Wer mit der Straßenbahn 44 quer über den Borsigplatz bis zur Endhaltestelle „Westfalenhütte" fährt, der landet vor einem Tor und einer Schranke. Dahinter beginnt eine andere Welt: Es ist der Eingang zu einem Gelände, das jahrzehntelang nur „Hoeschianer" betreten durften – Mitarbeiter der Hoesch AG, von denen in Spitzenzeiten 25.000 auf der Westfalenhütte arbeiteten und dort Eisen und Stahl produzierten – seit 1871. Als das Stahlwerk 2001 geschlossen wurde, war das stolze Unternehmen Hoesch schon längst zunächst in Krupp und dann in ThyssenKrupp aufgegangen. Die Stilllegung stand am Ende eines Konzentrationsprozesses und bedeutete das Ende der Roheisen- und Stahlproduktion in Dortmund. Zugleich war es der Beginn vieler neuer Geschichten um die Westfalenhütte.

Eine davon handelt von der Kokerei Kaiserstuhl. Sie war erst 1992 auf der Westfalenhütte an den Start gegangen als damals modernste Kokerei Europas. Nach nur acht Jahren kam das Aus für den Standort – nicht aber für die Kokerei. Sie steht heute fast 9.000 Kilometer entfernt, im äußersten Osten Chinas: Seit 2006 backt sie in Zhangjiagang nun Kohle zu Koks. Gut 1.000 Mitarbeiter des Stahlkonzerns Jiangsu Shagang aus Fernost waren knapp zwei Jahre lang damit beschäftigt, das komplette Stahlwerk inklusive Hochöfen, Walzwerk und Sinteranlage abzubauen, in 4.000 Container zu verstauen und zu verschiffen.

Tausende Chinesen, die ein ganzes Stahlwerk demontieren: ein so unglaublicher und beispielloser Vorgang, dass Reporter aus ganz Deutschland nach

Dortmund kamen, um über das Geschehen zu berichten. Stefan Willeke erhielt für seine Reportage in der „Zeit" den renommerten Egon-Erwin-Kisch-Preis, und auch der Dokumentarfilm „Losers and Winners" von Ulrike Franke und Michael Loeken wurde vielfach und international ausgezeichnet.

Die Reporter interessierten sich besonders für den Kontrast zwischen den selbstbewussten und gewerkschaftlich organisierten deutschen Montanarbeitern und den ameisenfleißigen Chinesen, die sich mit Unverständnis und Widerwillen den in Deutschland hart erkämpften Rechten beugten. „Warum er sonntags nicht arbeiten darf und anderentags auch höchstens nur zehn Stunden, ist für Ingenieur Wu Gangping unverständlich, das deutsche Sozialgesetzbuch folgerichtig ein Produktionshemmnis", beschrieb das Nachrichtenmagazin „Der Spiegel" im April 2002.

Heute ist das ehemalige Gelände der Westfalenhütte, das keine zehn Autominuten vom Dortmunder Hauptbahnhof entfernt liegt, die größte Industriebrachfläche Europas. Man kann vom Eingang aus fast vier Kilometer gen Norden oder fünf Kilometer östlich laufen und befindet sich noch immer im ThyssenKrupp-Gebiet. Es ist eine Fläche so groß wie Monaco – und birgt ein riesiges Potential für die Stadtentwicklung.

Ein wenig Industrie ist noch geblieben: ThyssenKrupp betreibt auf dem Areal ein Kaltwalzwerk und Anlagen zur Oberflächenveredelung von Blechen vorwiegend für die Automobilindustrie. Erst 2019 wurde der Grundstein für eine neue, hochmoderne Feuerbeschichtungsanlage gelegt.

Eine andere Geschichte handelt von einem US-amerikanischen Handelsriesen, der einen Teil der in der Montanindustrie verloren gegangenen Arbeitsplätze auf die Westfalenhütte zurückholte. 2017 eröffnete das Unternehmen Amazon ein Logistikzentrum in Dortmund, so groß wie sieben Fußballfelder. Dort arbeiten rund 1.600 Mitarbeiter und sorgen dafür, dass angelieferte Waren an andere Amazon-Logistikzentren in Europa umverteilt werden. Auch ehemalige Hoeschianer sind dabei.

Viele weitere Geschichten müssen noch geschrieben werden, denn der Strukturwandel auf der Westfalenhütte ist noch lange nicht abgeschlossen. Die Stadt hat mit dem neuen Raum im Norden noch einiges vor. Eine neue Straße quer durchs Gelände soll den Verkehr in der Nordstadt entlasten. Wohnraum und Grünflächen sollen entstehen, Gewerbeflächen, Brücken, Radwege. Und neue Haltestellen für die Straßenbahnlinie U 44 – damit „Westfalenhütte" nicht länger eine Endstation ist.

Da wächst doch kein Gras mehr!

Auf dem Gelände der Kokerei Hansa wächst und gedeiht es; Tag und Nacht herrscht emsiges Treiben. Doch es sind schon lange nicht mehr die Industriearbeiter, die in Huckarde für blühendes Leben sorgen – es ist die Industrienatur, die sich in den fast drei Jahrzehnten seit der Stilllegung der Anlage 1992 das Gelände zurückerobert hat. Was zwischen Koksbatterie, Kohlenturm und Kompressorhalle kreucht und fleucht, ist inzwischen Gegenstand von wissenschaftlichem Interesse, Thema vieler Führungen und Veröffentlichungen. In der „Route der Industrienatur" hat der Regionalverband Ruhr Standorte wie die Kokerei Hansa beschrieben und lädt dazu ein, auf Safari zu gehen: Zwischen weißer und schwarzer Straße der Kokerei gilt es, das Grün zu finden. Suchen muss man es nicht lange: Besonders die vielen Birken stechen hervor, anspruchslose und schnell wachsende Pionierpflanzen, die sich auf den nährstoffarmen Böden stets zuerst ansiedeln und anderen Pflanzen den Weg bereiten. Hoch oben auf der Koksofenbatterie blüht der Sommerflieder und lockt Kohlweißling, Admiral, Bläuling und andere Schmetterlinge an, und entlang der Bahngleise wächst ein Brombeer-Paradies.
Unter den wachsamen Augen eines Turmfalken und zum charakteristischen Gelächter des Grünspechts entdeckt man die Nachtkerze, deren gelbe, duftende Blüte sich erst abends zu voller Pracht entfaltet, man sieht Beifuß und Wilde Möhre, den lila blühenden Natternkopf und den Kompass-Lattich, dessen Blätter sich zum Schutz vor der Sonne hochkant und in Nord-Süd-Richtung aufrichten. Auf einer sich selbst überlassenen Wiese hüpfen und krabbeln die Heuschrecken auf der Flucht vor der gelb-schwarz-leuchtenden Wespenspinne. Was auf dieser Industriebrache wächst und gedeiht, kann wohl überall überleben – und so wurde die Kokerei Hansa vom Herzstück der Dortmunder Montanindustrie zu einem Lehrstück für die Anpassungsfähigkeit der Natur.

Spaziergang durchs lebende Museum

Wer beim Sonntagsspaziergang durch den Rombergpark spaziert, entlang der Lindenallee und einmal um den großen Teich mit seinen über 200 Jahre alten Platanen, durch die Moor- und Heidelandschaft, vorbei an den Dünen und zum Rhododendronwald, der ahnt in der Regel nicht, dass er sich in einem Museum bewegt: Der Botanische Garten Rombergpark ist ein „lebendes Museum", eine Sammlung von Pflanzen aus aller Welt. Bäume, Sträucher, Stauden und andere Pflanzen sind meist nach Herkunft geordnet gepflanzt. Doch die teils vom Aussterben bedrohten Gewächse

Das Torhaus von Schloss Brünninghausen

werden nicht nur gezeigt, sondern zugleich geschützt und erhalten; es wird dort geforscht und das Wissen um die Natur vermittelt. Und das in besonderem Maßstab: Der Botanische Garten Rombergpark ist der größte in Deutschland und sogar der viertgrößte der Welt.

Seinen Ursprung hat er in einem englischen Landschaftsgarten. Die Adelsfamilie von Romberg ließ ihn in den Jahren 1820 bis 1822 anlegen. Architekt war Maximilian Friedrich Weyhe, der auch die Düsseldorfer Königsallee und viele andere stadtbildprägende Gartenanlagen in Düsseldorf und dem Rheinland geplant hatte. Aus Weyhes Zeit stammen u. a. der Weiher mit der sich anschließenden großen Talwiese sowie die erste Pflanzung der heute wunderschönen Lindenallee.

Natürlich hatte die Adelsfamilie auch ein Schloss, das der Landschaftsgarten umgab: das Wasserschloss Brünninghausen. Es stand ganz im Norden des heutigen Rombergparks und ist bekannt geworden durch die Besuche des Barons Gisbert II. von Romberg (1839–1897), der als Vorlage für die Figur des „tollen Bomberg" aus dem bekannten Roman von Joseph Winckler gilt.

Das Schloss wurde Ende 1944 bei Bombenangriffen zerstört. Restauriert und damit erhalten wurde nur das Torhaus von 1681, das die Stadt als Kunstgalerie nutzt – und die Gartenanlage.

Die Stadt kaufte den Park im Jahr 1927 und wandelte ihn in einen Botanischen Garten um, nachdem der bestehende Botanische Garten an der Beurhausstraße dem Bau der Kinderklinik weichen musste. Ein Glücksfall, denn dadurch haben die Dortmunder nicht nur einen wunderschöner historischen Park, der von der Gartenkunst des 19. und 20. Jahrhunderts zeugt, sondern auch eine wissenschaftliche Gehölzsammlung – die Arboreten –, die ihresgleichen sucht. Mittlerweile wachsen mehr als 5.000 verschiedene Gehölzarten und -sorten im Botanischen Garten – die flächenmäßig größte Sammlung an gärtnerischen Ziergehölzen in ganz Europa.

Interessant für die Wissenschaft ist u. a., wie sich der Klimawandel und die sich verändernden Umweltbedingungen auf die Gehölze auswirken. So wird seit nunmehr 90 Jahren auch daran geforscht, welche Baumarten für städtische Standorte geeignet sind.

Zu den Attraktionen im Park gehört der Rombergsiepen, besser bekannt als „roter Bach". Er entspringt im Westen des Parks, wird gespeist aus eisenhaltigem Grubenwasser der ehemaligen Zeche Glückaufsegen und fließt über 200 Meter rostrot durch das Primeltal. Sein Wasser ist konstant 13 bis 15 Grad Celsius warm und bietet daher an seinem Ufer eine besondere Umgebung für empfindliche Pflanzen, denen es sonst viel zu kalt wäre – zum Beispiel das exotische Mammutblatt aus Chile.

Stacheliges Paradies

Eine Rose ist eine Rose? Schon – aber welche darf es denn sein? Im Deutschen Rosarium im Westfalenpark wachsen rund 2.800 Sorten der Königin der Blumen.

Keimzelle und Herzstück des heutigen Westfalenparks ist der Kaiserhain, 1894 eröffnet als Kaiser-Wilhelm-Hain. Ebendort befindet sich der Rosengarten, nach Meinung vieler Besucher der schönste Teil des Parks. Die Königin der Blumen wächst dort nach Farben und Klassen geordnet. Der Rosengarten gehört zum Deutschen Rosarium, das 2019 seinen 50. Geburtstag feierte. Seine Sammlung zählt zu den größten der Welt.

Der Rosengarten ist zwar der prachtvollste, aber nicht der einzige Teil des Rosariums im Westfalenpark: Entlang des Rosenwegs gibt es viele kleine und größere Beispielgärten, anhand derer man die Vielfalt der Rosen, ihre Geschichte, Züchtung und Verwendung im Garten nachvollziehen kann. Wie sah ein Rosengarten im Mittelalter aus? Wie im Jugendstil? In den Historischen Rosengärten kann man es erleben. Außerdem locken ein Duftrosen-Garten, die 65 Meter lange und 6 Meter hohe Kletterrosenwand, die Strauch- und Kletterrosensammlungen bekannter Rosenzüchter, ein Kaskadenrosen-Garten und das vollständige Sortiment aller prämierten ADR-Rosen – also Rosen, die die Allgemeine Deutsche Rosenneuheitenprüfung bestanden haben.

Rosenarten und -sorten aus der ganzen Welt werden im Rosarium gesammelt – natürlich auch Lokalmatadore wie die Kletterrose „Dortmund" oder die Kleinstrauchrose „Dortmund Kaiserhain".

Welthauptstadt der Ameisenbären

Unter Zoologen und Zoo-Veterinären gilt Dortmund als Metropole: Es ist die Welthauptstadt der Ameisenbären. Schon im Jahr 1976 gelang es im Zoo, damals noch Tierpark Dortmund, einen Großen Ameisenbären aufzuziehen. Bis heute wurden dort mehr als 60 Tiere geboren, so viele wie in keinem anderen Zoo. Der Nachwuchs aus Dortmund und ihre Nachkommen finden sich heute in 70 Zoos in 17 Ländern. Kein Wunder, dass der Ameisenbär zum Maskottchen des Dortmunder Zoos avanciert ist.

Ameisenbären haben zwar keine natürlichen Feinde, aber sie stehen auf der Roten Liste der gefährdeten Arten, und sie sind ziemlich speziell: In seiner südamerikanischen Heimat futtert ein erwachsenes Tier mit seiner bis zu 60 Zentimeter langen Zunge um die 40.000 Ameisen oder Termiten pro Tag. Utopisch, diese Menge im Dortmunder Zoo für die insgesamt neun Tiere heranzuschaffen. Alternativen mussten her, und so wurde schon vor Jahrzehnten die „Dortmunder Mischung" erfunden, ein Brei als Ersatznahrung mit ähnlichem Nährgehalt, den Zoos in aller Welt für ihre Ameisenbären übernommen haben und an dessen Zusammensetzung immer noch weiter geforscht wird – sogar Doktorarbeiten werden über die optimale Zusammensetzung der Proteine, Kohlenhydrate und Fette geschrieben.

Es braucht also eine Menge Wissen und Erfahrung, um die Myrmecophaga tridactyla, so der unaussprechliche lateinische Name der Großen Ameisenbären, zu pflegen. Und die hat der Dortmunder Zoo. Einmal gelang es sogar, ein Tier von Hand großzuziehen, das von seiner Mutter verstoßen wurde – dabei leben Baby-Ameisenbären eigentlich neun Monate lang auf dem Rücken der Mutter. Dank der herausragenden Zuchterfolge wird das Internationale Zuchtbuch für Große Ameisenbären in Dortmund geführt. Darin sind alle Tiere in Europa erfasst. Außerdem koordiniert Dortmund das Europäische Erhaltungszuchtprogramm (EEP) für diese Tierart. Denn in Zoologischen Gärten wird nichts dem Zufall überlassen – schon gar nicht die Zucht. Wenn ein Zoo in Europa Ameisenbären-Nachwuchs wünscht, muss er in Dortmund anfragen, und ein geeignetes Tier für die Paarung wird gesucht. Das ist nötig, weil die Ameisenbären, so wie viele Tiere im Zoo, häufig nicht ihr Leben lang an einem Ort bleiben, sondern in ihrem Leben viele Zoos kennenlernen, dort Nachwuchs zeugen und weitervermittelt werden. Um Inzucht zu vermeiden, braucht es einen guten Überblick – und den hat nur Dortmund. Ilona Schappert, die stellvertretende Zoodirektorin, ist Hüterin des Zuchtbuchs. Sie kennt die Herkunft und die Verwandten aller rund 1.600 Ameisenbären, die weltweit in Zoos leben. Dank ihrer Expertise landen alle möglichen Anfragen rund um die Nebengelenktiere auf ihrem Tisch – aber vor allem ist sie die internationale Heiratsvermittlerin.

Ein Ameisenbär im Zoo Dortmund

Populärer Irrtum!

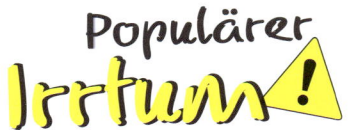

Baden verboten! (Füttern auch!)

Im Phoenix See dürfen tatsächlich nur Enten und Fische schwimmen. Das Schwimmverbot für Menschen besteht allerdings nicht, weil das Wasser so schmutzig ist, ganz im Gegenteil: weil es so gut ist. Und das, obwohl auf dem Gelände des heutigen Sees 160 Jahre lang Stahl gekocht wurde.
Der See auf der Industriebrache wird vom Grundwasser gespeist und hat sogar eine außerordentliche Wasserqualität, das wird jedes Jahr aufs Neue überprüft und bestätigt. Hinweise auf Altlasten aus der Stahlwerkvergangenheit hat die Emschergenossenschaft, die das Wasser unter die Lupe nimmt, noch nie gefunden. Damit dies so bleibt und der See nicht umkippt, dürfen

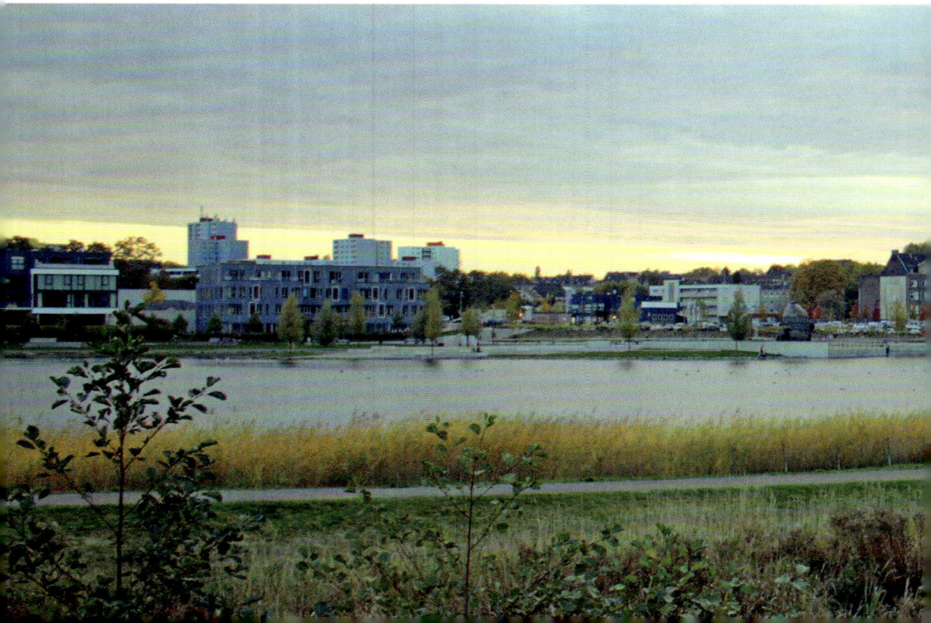

Menschen mit ihrem Körperfett, Sonnencreme- und anderen Kosmetikrückständen nicht eintauchen – zumindest nicht regelmäßig. Alle zwei Jahre wird für einen Triathlon-Wettbewerb eine Ausnahme gemacht.

Aus dem gleichen Grund gibt es auch ein Fütterverbot für die Wasservögel im See: Wer die Enten und Kanadagänse mit seinen Brotresten erfreut, riskiert, dass der See durch ein Nährstoffüberangebot umkippt.

Die Stahlgeschichte auf dem Gelände des heutigen Sees begann im Jahr 1841, als der Iserlohner Fabrikant Hermann Piepenstock nahe der Hörder Burg ein Stahlwerk gründete, und endete 2001 mit der Schließung des inzwischen zur ThyssenKrupp AG gehörenden Werks. Vier Jahre später gab es den ersten Spatenstich für den See, und in den folgenden fünf Jahren konnte man in Hörde die zeitweise größte Baustelle Europas besichtigen. Dabei wurden nicht nur rund 420.000 Kubikmeter Stahlbeton des stillgelegten Werks weggeschafft, sondern auch mehr als 2,5 Millionen Kubikmeter Boden bewegt und das Tal der Emscher, das mehrere Jahrzehnte lang verfüllt war, wieder freigelegt. Im Oktober 2010 begann die Flutung des Sees mit Trinkwasser, sechs Monate später war der See vollgelaufen und ist seitdem Dortmunds Naherholungsgebiet Nummer Eins.

Nur ein Badesee, das ist er eben nicht.

138 Meter über Normalnull

Den besten Blick auf den Phoenix See und die Silhouette von Hörde hat man vom Kaiserberg aus, dem Hügel am nordöstlichen Ufer des Sees. Eigentlich heißt er „neuer Kaiserberg" oder auch „Kaiserberg 2", denn es gab ungefähr an dieser Stelle tatsächlich einmal einen natürlichen Hügel dieses Namens. Der neue Kaiserberg ist ein künstlicher. Er entstand jedoch nicht – wie oft angenommen und bei den meisten anderen Halden im Ruhrgebiet ja auch Realität – aus Abraum aus dem Bergbau, sondern beim Bau des Phoenix Sees. Das Erdreich, das beim Ausbaggern des 24 Hektar großen Sees anfiel, wurde zum einen rings um den künftigen See geschaufelt – auf den so entstandenen Terrassen stehen heute auf mehreren Ebenen die schicken Villen. Ein weiterer großer Teil landete auf dem benachbarten Phönix-West-Gelände, wo u. a. ein Park entstand. Doch es war noch immer Aushub übrig – und der bildet nun den neuen Kaiserberg. Ihm ist es zu verdanken, dass See-Anwohner,

Der Phoenix See von oben

aber auch Spaziergänger die dahinterliegende Buncesstraße 236 kaum mehr wahrnehmen.
Treppen, aber auch Serpentinenrampen führen hinauf bis auf den Gipfel, der 138 Meter über dem Meeresspiegel liegt und damit etwa 40 Meter über der Wasserfläche des Sees. Wer den Aufstieg geschafft hat, kann nachlesen, was man in westlicher Richtung am Horizont so alles erkennen kann: die Hochöfen auf Phoenix-West etwa, den Florianturm, die Hörder Kirche oder den Signal Iduna Park.

Grabende Giganten

Ob Kohle, Gold oder Diamanten, Kupfer oder Eisenerz: Um an die Schätze der Welt zu gelangen, müssen riesige Mengen an Erde und Stein bewegt werden. Die Bagger, die dabei zum Einsatz kommen, haben nicht viel gemein mit jenen, die man von Baustellen in der Stadt kennt – sie sind mitunter groß wie ein Hochhaus. Produziert werden sie auch in Dortmund: Das Unternehmen Caterpillar in Dorstfeld baut u. a. den größten Hydraulikbagger der Welt, den CAT® 6090 FS: fast 1.000 Tonnen schwer und 10 Meter hoch. Allein die Schaufel wiegt bis zu 90 Tonnen und bietet locker zwei Schulklassen Platz. Der Baggerarm des CAT 6090 FS hat eine Reichweite von gut 20 Metern in Höhe und Länge und kann seine Klappschaufel bis zu 2,5 Meter tief in den Boden rammen. Für den Transport ist dieser Gigant viel zu groß – er wird nur so weit zusammengebaut, dass Motor und Hydrauliksysteme getestet werden können. Dann sind bis zu 30 Schwerlasttransporte nötig. Von Dortmund aus geht es für die Bagger zu den großen Tagebauen der Welt – sie müssen in großer Hitze und im Staub ebenso gut funktionieren wie in Eiseskälte. Selbst die kleinsten Exemplare

aus Dortmund starten mit einem Einsatzgewicht von 300 Tonnen – und sind damit siebenmal schwerer als klassische Baustellen-Bagger.
Rund 700 Mitarbeiter arbeiten am Traditionsstandort: Schon seit 125 Jahren werden in Dortmund-Dorstfeld schwere Maschinen gebaut, damals noch unter dem Namen Orenstein & Koppel, heute als Caterpillar Global Mining HMS GmbH, eine Tochterfirma des Weltkonzerns und Weltmarktführers Caterpillar Inc.

Das etwas andere Kaufhaus

Wer das Haus DUSTMANN an der Hombrucher Harkortstraße zum ersten Mal betritt, kommt aus dem Staunen nicht heraus. Zu der Verwunderung darüber, dass sich ein unabhängiges Geschäft nun schon seit 2003 in einem Vorort überhaupt halten kann, kommen noch die exklusiven Marken, die hier zu finden sind: auf über 4.000 Quadratmetern finden sich Mode und Accessoires von Armani und Missoni über Riani bis Windsor, eine Café-Champagner-Bar mit Feinkost sowie das Gourmet-Restaurant „Cielo" in der siebten Etage des Dula-Centers. Tatsächlich ist Dustmann nicht nur ein Kaufhaus: Es ist zugleich der Showroom des international agierenden Unternehmens Dula – Dustmann Ladenbau –, und das plant und realisiert ganzheitliche Ladengestaltung und exklusiven Innenausbau für einige der bekanntesten Unternehmen der Welt. In Hombruch können sich Kunden davon überzeugen, was Dula kann – und wie Design, Technik, Lichtgestaltung, Farb- und Materialkomposition zusammenspielen.

Damit hat sich das Familienunternehmen, in dem sich gerade die dritte Generation auf die Geschäftsführungsnachfolge vorbereitet, in der Branche weltweit einen Namen gemacht. Wichtige Präsentationsmöbel wie die bekannten Tische aus den Apple-Stores stammen zu einem großen Teil von Dula, das Unternehmen richtet Luxusliner der Meyer Werft ein und hat Kunden wie das Londoner Kaufhaus Harrod's, die BMW Group und Zara, einen der größten Modekonzerne der Welt. Dula entwirft die Möbel nicht nur und baut sie, sondern übernimmt auch Auslieferung und Montage bis zur Wartung – wenn es sein muss, wie im Falle Apple, verschifft man die Hightech-Möbel auch fertig montiert in klimatisierten Containern.

Apple war der wohl größte Coup – und ein Auftrag, über den Dula lange Zeit nicht sprechen durfte: Das ebenso wertvolle wie diskrete Unternehmen ließ Dula-Geschäftsführer Heinz-Herbert Dustmann eine Verschwiegenheitserklärung unterschreiben.

Produziert werden die Apple-Möbel vor allem im münsterländischen Ahaus und Vreden an der holländischen Grenze. Dort gibt es einen kameraüberwachten Top-Secret-Bereich, in dem neue Designs von Apple 1:1 aufgebaut, getestet und weiterentwickelt werden.

Insgesamt hat Dula, 1953 mit drei Mitarbeitern gegründet, über 1.000 Angestellte weltweit – vom Tischler und Elektriker über Ingenieure, Architekten, Lichtplaner und Designer. Produziert wird an Standorten in Deutschland, Spanien und Russland. Und von alledem ahnt man nichts, wenn man den international anmutenden Lifestyle-Store in der Hombrucher Fußgängerzone betritt.

Geburtshilfe fürs deutsche Internet

Mehr als 16 Millionen Web-Adressen enden mit einem „.de". Die Geburtshilfe für das deutsche Internet kam auch aus Dortmund.
Die Geschichte beginnt am 5. November 1986 mit dem Eintrag der Länderkennung .de in der Datenbank IANA (Internet Assigned Numbers Authority), die für die Zuordnung von Nummern und Namen im Internet zuständig ist. Das war der Startschuss für das Internet in Deutschland. Verwaltet wurden die Domains ab 1988 von der Informatikrechner-Betriebsgruppe (IRB) an der Universität Dortmund – ehrenamtlich. Gerade einmal sechs deutsche Domains existieren zu diesem Zeitpunkt: dbp.de, rmi.de, telenet.de, uka.de, uni-dortmund.de und uni-paderborn.de.
Anfangs reichte eine Liste, die man händisch pflegte, doch als das weltweite Netz zunehmend populärer wurde, mussten professionellere Strukturen her. Im August 1993 taten sich die damals drei deutschen Internet Provider (DFN, EUNET und Xlink) zusammen und schrieben den Betrieb bundesweit aus. Das Rechenzentrum der Universität Karlsruhe gewann und übernahm.
Doch als Informatikstadt der ersten Stunde hat Dortmund noch mehr Superlative zu bieten: Hier finden sich auch die Wurzeln für die moderne Computer-Technologie. Der „Mathematische Beratungs- und Programmierdienst" (mbp) war schon 1957 das erste Software-Systemhaus in Europa. Damals gründeten 14 Unternehmen mbp, darunter die Hoesch AG und die Stadtwerke, aber auch eine Bank, ein Kaufhaus, Brückenbau- und Maschinenbauunternehmen. Die Idee zur Unternehmensgründung hatte ein promovierter Mathematiker: Er erkannte die neuen Möglichkeiten durch den Computer für alle Unternehmensbereiche, ob für statische Berechnungen im Brückenbau, die Inventur oder Lohnbuchhaltung. Computer einfach so kaufen konnte man aber noch nicht – es gab damals erst wenige Hersteller. Das Ziel lautete also,

sich mit „allen Problemen zu befassen, die mit der Anwendung Elektronischer Rechenanlagen auftreten und damit die Unternehmen in der Region bei der Planung und Umsetzung von EDV-Projekten zu unterstützen".
Der erste Auftrag für den mbp kam 1959 von der Hörder Hüttenunion: Die bis dato eingesetzte Lochkartentechnik sollte durch Computer ersetzt werden.
Das Unternehmen wuchs schnell und rasant und gehörte ab 1971 nur noch zu Hoesch. 1996 wurde der mbp durch das amerikanische Technologieunternehmen EDS übernommen, der Standort Dortmund 2003 geschlossen.
Informatik kann man in Dortmund schon seit 1972 studieren – damit gehörte die TU zu den ersten Universitäten in Deutschland, in denen dieses Studienfach überhaupt belegt werden konnte. Heute gehört die Dortmunder Informatik-Fakultät bundesweit zu den größten und bietet ein breites fachliches Spektrum der Informatik an. Viele Absolventen, auch der Studiengänge der Fachhochschule und des IT-Centers, arbeiten im Technologiepark rund um die Uni, an der Stadtkrone Ost oder im Gebiet Phönix-West.

Das westfälische Weihnachtswunder

Der Dortmunder Weihnachtsbaum sprengt alle Dimensionen: Um ihn aufzubauen, benötigt man ein Gerüst; um ihn zu schmücken, einen Kran und eine Hebebühne. Eine einzige seiner Kerzen ist 2,5 Meter groß, der Engel an der Spitze wiegt 200 Kilogramm, und er trägt rund 48.000 Lichter. Seit 1996 wird der größte Weihnachtsbaum der Welt als Hauptattraktion des Weihnachtsmarktes, der seit 2019 „Weihnachtsstadt" heißt, mitten auf dem Marktplatz, dem Hansaplatz errichtet. Der Aufwand ist gigantisch – aber lohnt sich. Denn Jahr für Jahr lockt der 45-Meter-Riese bis zu 2 Millionen Besucher aus ganz Europa in die Stadt.

Die Idee zum Baum der Superlative hatte Werner Basselmann, der damals bei Karstadt als Chefdekorateur arbeitete und im Cityring aktiv war, einem Zusammenschluss der Kaufleute aus der Innenstadt. Vorbilder für die Riesentanne gab es keine – sie ist eine Sonderanfertigung, an der alle Beteiligten viel Spaß haben, vom Sauerländer Förster über den Gerüstbauer und den

Elektriker bis zum Schausteller-Verband, der den Weihnachtsmarkt veranstaltet und als Bauherr auftritt –, denn natürlich benötigt so eine Riesentanne eine Baugenehmigung.

Der Aufbau beginnt schon ab Oktober – er dauert immerhin vier Wochen. Zuerst kommt das Gerüst. Es steht auf einem Sandbett, hat ein 120 Tonnen schweres Fundament und wird zusätzlich von Ketten gehalten, um auch Winterstürmen zu trotzen. Dann folgen die Bäume: 1.700 Rotfichten, jede etwa 3 Meter hoch, in einem Sauerländer Forstbetrieb eigens und nachhaltig für die Zukunft als Weihnachtsbaum angepflanzt. Die Fichten werden mit Schellen am Gerüst befestigt. Dort angebracht ist auch eine riesige Sprinkleranlage, die die Bäume befeuchtet, aber auch im Falle eines Brandes schnell Wasser liefern kann. Schließlich steckt der Baum – oder vie mehr: die Baum-Konstruktion – voller Elektrik; jede der Lichterketten und Kerzen hat eine eigene Steckdose. All das ist am Ende unsichtbar – die 1.700 Fichten sind scheinbar zu einem riesigen Baum zusammengewachsen, der zwischen Mitte November und Ende Dezember wohl zum meist fotografierten Motiv in Dortmund wird.

Schatz aus dem Mittelalter: der wundersame Weg des Goldenen Wunders

In der Petrikirche am Westenhellweg steht das imposanteste Kunstwerk, das sich in Dortmund aus dem Mittelalter, genauer: aus dem Jahr 1521, erhalten hat: ein geschnitzter Altar aus Antwerpen. Nichts in der lichten und heutzutage so angenehm schlichten evangelischen Kirche lenkt ab von dem Retabel, das dem Besucher und der Besucherin von Erntedank bis zur Karwoche und von Ostern bis Pfingsten golden entgegenleuchtet. Das „Goldene Wunder" hinter der Glaswand, die den Kunstschatz vor Schwankungen in Temperatur und Feuchtigkeit schützt, beeindruckt Kinder und Erwachsene, Einheimische und Touristen immer aufs Neue.

Es handelt sich um den mit 5,4 Metern in der Höhe und mehr als 7,4 Metern in der Breite größten flämischen Altar des Mittelalters und um eines der bildreichsten plastischen Kunstwerke Europas. So viele Darstellungen sind abgebildet, dass zwei Flügelpaare geschaffen wurden und der Flügelaltar in drei verschiedenen Zuständen, sogenannten Wandlungen zu sehen ist – niemals kann man alle Figuren und Gemälde zugleich sehen. Die Bilder auf der Innenseite erzählen dabei von den Vorfahren Jesu: von der Urgroßmutter Emerentia bis zur Mutter Maria, während die Goldseite die ausführliche Passionsgeschichte Jesu darstellt.

Die Menschen im Mittelalter haben meistens die geschlossene „Alltagsansicht" mit ihren Gemälden gesehen. Die goldene Innenseite mit ihren 633 Figuren war der Höhepunkt weniger kirchlicher Festtage.

Dabei entstand der Altar ursprünglich gar nicht für die Petrikirche, sondern

für die Dortmunder Franziskaner. Sie beauftragten die Antwerpener Werkstatt von Jan Gilliszoon Wrage mit den Schnitzfiguren und den Maler Adrian van Overbeck für die Gemälde auf der Außenseite der Flügel. Das Honorar betrug 646 Goldgulden, Zielort war die Klosterkirche in der Nähe des Brüderwegs, die heute nicht mehr existiert.

Als das Kloster 1805 unter französischer Besatzung aufgelöst wurde, brauchte das „Goldene Wunder" eine neue Heimat. Sowohl die Protestanten von St. Petri als auch die katholische Propsteigemeinde hatte großes Interesse an dem Schmuckstück. Beide Gemeinden schickten Läufer zum französischen Gouverneur nach Düsseldorf. Doch noch ehe der katholische Läufer in Düsseldorf war, hatte der evangelische Läufer, Johann Baukelmann, bereits wieder Dortmund erreicht – mit der frohen Botschaft, dass der Altar „gewonnen" war. Seitdem ist er in der Stadtkirche St. Petri zu bestaunen – allerdings mit Unterbrechung: In fast letzter Minute, knapp acht Wochen, bevor die Petrikirche bei Bombenangriffen 1943 zerstört wurde, hatte man den Altar abgebaut und in ein Kloster bei Rinteln an der Weser gebracht. Erst seit 1967 hat er wieder seinen festen Platz in St. Petri.

Konrad Klepping und die britische Krone

Im 14. Jahrhundert hatte Dortmund rund 7.000 Einwohner und war nicht nur die einzige freie Reichsstadt Westfalens und damit weitgehend autonom, Dortmund war auch eine wichtige Hansestadt mit überregionaler Bedeutung. Dortmunder Kaufleute exportierten die Eisen- und Stahlerzeugnisse der Stadt und des Sauerlandes in die Welt, und sie handelten in ganz Europa mit Wolle und Tuch, Wein und Gewürzen. Die Namen der (einflussreichsten) Familien prägen noch heute die Stadt, vor allem durch die Straßennamen: Klepping und Berswordt, Sudermann, Wißstrate oder von Wickede.

Für kurze Zeit besaß Dortmund (1339) sogar einmal die britische Krone des Königs Edward III. Und das kam so: Im Hundertjährigen Krieg zwischen England und Frankreich verpfändete King Edward 1339 die englische Krone dem Erzbischof Balduin von Trier und erhielt dafür 50.000 Gulden. Sie sollte noch im selben Jahr wieder eingelöst werden, befand sich aber vier Jahre später noch immer im Besitz des Erzbischofs. Und der war inzwischen auf die französische Seite getreten … Die Krone musste also wieder her. Dortmunder Kaufleute finanzierten im Hundertjährigen Krieg die englische Krone mit, gaben also Kredite. Unter ihrer Beteiligung lösten die Hansestädte 1343 die englische Krone für 45.000 Gulden wieder aus und verwahrten sie sicher, bis der Dortmunder Kaufmann Konrad Klepping sie 1344 in Brügge über britische Tuchhändler an den Schatzmeister des englischen Königs übergeben konnte. Eine spektakuläre finanzielle Transaktion!

Verschwundene Bergbahn und Geisterhaus: die Geheimnisse der Hohensyburg

Unten im Tal vereinen sich Ruhr und Lenne zum Hengsteysee, oben auf dem Syberg hat man nicht nur einen fantastischen Blick, sondern auch mehrere Ausflugsziele mitten im Naturschutzgebiet. Über die Umgebung der Hohensyburg lässt sich viel erzählen: Da ist die Ruine der steinernen Burg aus dem 12. Jahrhundert und das von den Nationalsozialisten veränderte Kaiser-Wilhelm-Denkmal und, auf dem höchsten Punkt, der Vinceturm zur Aussicht. Das Besucherbergwerk am Syberg ist ein begeh- bzw. bekriechbarer Bergbaustollen aus vorindustrieller Zeit, auf dem Syberg steht mit St. Peter die älteste Kirche der Stadt, und das Casino Hohensyburg lockt Glücksspieler aus der ganzen Region.

Nicht minder spannend sind jedoch die Geschichten über die Dinge, die es nicht mehr gibt rund um die Hohensyburg — etwa die verschwundene Bergbahn oder das Geisterhaus.
Die Bergbahn verkehrte nur wenige Jahre lang zwischen Tal und Ruine. 1903 eingeweiht brauchte sie vier Minuten, um die 32-prozentige Steigung zu erklimmen.

Die Ruine der Hohensyburg

Los ging es an einem Ausflugslokal an der Syburger Straße. Rund 40 Personen konnten einsteigen und hinauffahren, gleichzeitig setzte sich ein Fahrzeug oben in Bewegung und fuhr hinab. Die Fahrt endete dort, wo heute die Spielbank steht. Das Ziel der Menschen damals war wohl vor allem das Kaiser-Wilhelm-Denkmal, das nur ein Jahr zuvor, 1902, eingeweiht wurde.
Auf historischen Fotos kann man die Seilbahn noch gut erkennen.

Kaiser-Wilhelm-Denkmal auf der Hohensyburg

Wie lange sie fuhr, ist unklar – sicher ist, dass sie 1923 abgebaut wurde. Heute erinnert fast nichts mehr an die Bahn, die vermutlich noch immer ein attraktiver Anziehungspunkt für Ausflügler wäre. Nur wer ganz tief im Wald sucht, findet oberhalb des Campingplatzes das Relikt einer überwucherten, steinernen Brücke, die einst zur Anlage der Bergbahn gehörte. Sie stand genau an der Stelle, an der sich die beiden Bergbahn-Fahrzeuge an einer Ausweiche begegneten. Vergessen wird die Standseilbahn wohl nicht: Als Bodendenkmal ist sie in die Denkmalliste der Stadt Dortmund eingetragen. Ebenfalls nicht mehr vorhanden, aber noch immer Bestandteil vieler Gruselgeschichten ist das sogenannte Geisterhaus oder Spukhaus Hohensyburg. Das 1880 erbaute Wohngebäude aus Ruhrsandstein lag idyllisch im Niemandsland nahe der Burgruine Hohensyburg und stand seit Ende der 1970er Jahre leer. Einst hatte es einer Bauernfamilie gehört. Im Laufe der Jahrzehnte verfiel es immer weiter und avancierte dank des damals noch jungen Internets und seiner Mystery-Foren ab den 1990er Jahren zu einem „der bekanntesten Geister- und Spukhäuser in Nordrhein-Westfalen bzw. Deutschland", das es sogar zu einem eigenen Wikipedia-Eintrag brachte. Fest steht, dass das Haus zu einem beliebten Treffpunkt für Grusel-Fans und junge Leute auf der Suche nach der ganz besonderen Party-Location wurde, ganz gleich, wie gut es gesichert war. Eines war am Ende auf jeden Fall gruselig: der Zustand des Gebäudes. Aus Sorge um die Sicherheit der nächtlichen Besucher erreichten Ortspolitiker den 2009 den Abriss des einsturzgefährdeten Hauses. Aus der Spuk.

Kants Klaue, Rilkes Reinschrift

In seinem vermutlich letzten Brief vom 1. Juli 1786 bedankt sich Friedrich der Große beim Fischhändler für die Heringslieferung – in kleiner, blasser Schrift. Fein geschwungen, mit kunstvoll gezeichneten Initialen schreibt dagegen der Komponist Richard Wagner. Dicht aneinander und untereinander gedrängt lesen sich die Zeilen bei Annette von Droste-Hülshoff. Der Berliner Zeichner Heinrich Zille entschuldigt sich handschriftlich in kindlich-rundlichen Buchstaben für einen bierbedingten Ausfall. Mit stark nach rechts geneigter Schrift und großen Bögen bestellt Goethe neuen Wein und klagt über sein Gallenleiden, während Karl Marx in eher unordentlich aneinandergereihten Lettern in einem Brief an den Dichter Ferdinand Freiligrath über seine Furunkel lamentiert. Diese und andere Erkenntnisse erhält man in der Stadt- und Landesbibliothek: Im Westfälischen Handschriftenarchiv lagert seit den 1920er Jahren eine der größten Autographensammlungen Deutschlands mit den Handschriften vieler Geistesgrößen. Etwa 25.000 Einzelautographe, also eigenhändig geschriebene Schriftstücke bekannter Persönlichkeiten, sind hier verwahrt, u.a. von Gerhart Hauptmann, Hermann Hesse, Thomas Mann, Rainer Maria Rilke, Heinrich Heine oder Stefan Zweig, aber auch von Komponisten wie Beethoven, Mendelssohn-Bartholdy, Schumann und Reger. Einfach so vorbeikommen und in den historischen Handschriften blättern kann man allerdings nicht: Die Schriftstücke, die zu ihrer Entstehungszeit mitunter nur banale Notizen waren, sind heute umso kostbarer und lagern in klimatisierten und gut gesicherten Räumen. Wer sie sehen will, muss sich anmelden und sein Forschungsinteresse vortragen.
Zur Dortmunder Handschriftensammlung gehören außerdem mittelalterliche Handschriften und handschriftliche Fragmente, darunter die lateinische

H. Hesse

Bibelfassung des heiligen Hieronymus aus dem 13. Jahrhundert sowie ein aus dem 15. Jahrhundert stammendes lateinisches Breviarium (Gebetbuch) aus dem Kloster Cluny mit mittelalterlichen Buchmalereien. Die älteste Handschrift der Sammlung stammt aus dem 10. Jahrhundert: ein Fragment aus Pergament mit einer Vogelmotiv-Initiale von Papst Gregor dem Großen. Und dann sind da noch mehrere Tausend Frühdrucke ab dem Jahr 1500, so auch die deutsche Erstausgabe von Daniel Defoes „Robinson Crusoe" von 1720, sowie historische Landkarten und Stadtansichten und insgesamt 65 Wiegendrucke. Besonders wertvoll: eine Originalausgabe der Weltchronik von Hartmann Schedel aus dem Jahr 1493 mit 1809 Holzschnitten sowie die neunte Deutsche Bibel von 1483 aus der Druckerei Anton Koberger – die erste kolorierte Ausgabe einer in deutscher Sprache gedruckten Bibel mit 109 handkolorierten Holzschnitten.

Hotspot der Kunstszene

„Museum Ostwall" heißt Dortmunds Museum für die Kunst des 20. und 21. Jahrhunderts, und seine Adresse ist im Namen enthalten – oder? Bis 2010 war diese Aussage korrekt: Das Museum hatte seinen Sitz 63 Jahre lang am Ostwall 7, in einem Gebäude, das 1875 als Landesoberbergamt gebaut wurde. Nach dem Zweiten Weltkrieg entwickelte es sich unter seiner Gründungsdirektorin Leonie Reygers zum Hotspot der zeitgenössischen Kunstszene.

Im Jahr 2010, als Dortmund Teil der „Kulturhauptstadt Ruhr 2010" war, zog das Museum komplett um – in die vierte und fünfte Etage des Dortmunder U. Das U liegt am Königswall, nicht am Ostwall. Dennoch behielt das Museum seinen Namen (fast) bei und wurde vom „Museum am Ostwall" zum „Museum Ostwall" – man wagte das heikle Unterfangen nicht, einen lange eingeführten Namen zu ändern. Das nun leerstehende Gebäude am Ostwall sollte zunächst abgerissen werden, doch eine breite Initiative aus Unterstützern setzte sich für den Erhalt ein. Heute erstrahlt es nach ebenso aufwendiger wie behutsamer Sanierung in neuem Glanz – kein Wunder, schließlich wird es inzwischen hauptsächlich von Architekten genutzt. Als „Baukunstarchiv NRW" sammelt es Nachlässe bedeutender Architekten, Innenarchitekten, Landschaftsarchitekten, Stadtplaner und Ingenieure, erschließt sie wissenschaftlich und macht sie Planern und Forschern zugänglich. Auch Ausstellungen finden im Baukunstarchiv regelmäßig statt – doch ein Museum ist es nicht mehr.

Populärer Irrtum!

Vorhang auf für die Zukunft

Vor über 30 Jahren, da wäre das Dortmunder Theater fast geschrumpft: Die Stadt plante, das Schauspiel zu schließen, um Geld zu sparen. Doch eine Bühne ohne Sprechtheater, das wollten sich viele Dortmunder nicht vorstellen und kämpften mit Erfolg für ihr Haus. Das Theater Dortmund behielt also seine fünf Sparten: Es gibt dort weiterhin Musiktheater, Konzerte und Ballett, Schauspiel sowie Kinder- und Jugendtheater. Und es ist seitdem sogar gewachsen: Als einziges Haus in Deutschland hat das Theater Dortmund inzwischen sechs Sparten.

Hinzugekommen ist 2019 eine Einrichtung, auf die Theater-Deutschland sehnsüchtig gewartet hat: die Akademie für Theater und Digitalität. Sie erforscht nichts weniger als die Zukunft des Theaters und macht Theatermacher fit für die neuen technischen Möglichkeiten.

Schon immer will das Theater sein Publikum staunen machen, sucht den großen Effekt mit möglichst minimalen Mitteln. Licht und Ton, Kulissen und Requisiten, Kostüm und Maske sowie ein wandelbarer Raum sind die Mittel, die dem Theater traditionell zur Verfügung stehen, um die Zuschauer in andere Zeiten und Welten zu entführen. Mit der Digitalisierung wachsen die technischen Möglichkeiten schier ins Unendliche, und die Kreativen im Theater probieren sie mit großem Spaß aus. So war 2018/2019 im Dortmunder Schauspiel das Stück „Die Parallelwelt" zu sehen, das zeitgleich 500 Kilometer entfernt auch im Berliner Ensemble lief – und im Film auf die Dortmunder Bühne übertragen wurde, ebenso wie das Dortmunder Stück nach Berlin. Die Schauspieler auf der Bühne kommunizierten in Echtzeit mit ihren Leinwandkollegen.

In einer anderen Produktion an der Oper reagierten Kostüme, die mit Leuchtkörpern bestückt waren, auf die Musik. Das Knowhow, das hinter solch aufwendigen Produktionen steckt, gehört bislang nicht zur Ausbildung von Bühnentechnikern – dafür gibt es nun die Akademie, an der sich Theatermitarbeiter aus ganz Europa weiterbilden und mit virtueller Realität und Robotik, künstlicher Intelligenz oder Motion Capturing (Bewegungserfassung) experimentieren können.

Und natürlich erfordert die Digitalisierung dem Theater nicht nur neue Fertigkeiten ab, sondern auch neue Themen und Erzählweisen. Kontrolle, Gleichzeitigkeit, Beschleunigung und Komplexität – die gesellschaftlichen Herausforderungen und Debatten, die mit dem digitalen Zeitalter verbunden sind, auch sie sollen in der Akademie behandelt werden, damit sie Eingang in die Spielpläne der Bühnen finden – in allen fünf Sparten, in ganz Deutschland.

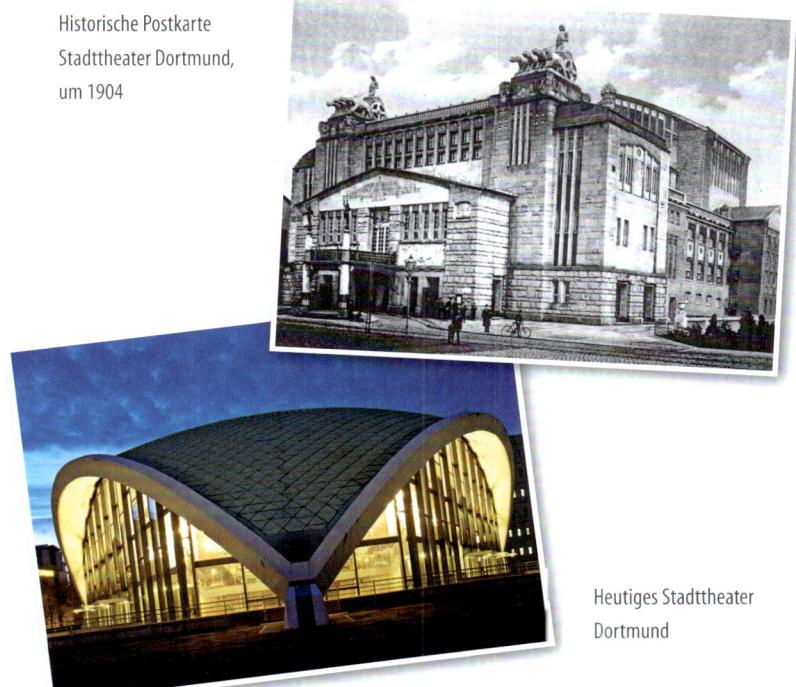

Historische Postkarte
Stadttheater Dortmund,
um 1904

Heutiges Stadttheater
Dortmund

„Fliegende Bilder"

Tauben und fliegende Tassen, schäumendes Bier oder schwimmende Fische: Seit 2010 gehören die „Fliegenden Bilder" auf der Dachkrone des Dortmunder U fest zum Stadtbild und begrüßen Menschen, die mit dem Zug nach Dortmund kommen, schon von weitem. Insgesamt 140 Filme gibt es inzwischen, die abwechselnd zu sehen sind, einige davon nur zu ganz bestimmten Gelegenheiten: Die Tauben erscheinen immer zur vollen Stunde, die schwarz-gelben Kicker-Figuren nur an Heimspieltagen des BVB.
Die Filme sehen zwar aus wie auf die Dachkrone projiziert, doch dahinter steckt eine völlig andere, einzigartige Technik.
Die Filme stammen vom Filmemacher Adolf Winkelmann, und er hatte auch die Idee, den Turm zum großen Erzähler zu machen. Seine Vision hatte es technisch jedoch in sich: Die Filme sollten aus allen Richtungen und aus jeder Perspektive zu sehen sein, tags und nachts, in der Mittagssonne ebenso wie im Dämmerlicht. Das funktioniert nur mit sehr starken Leuchtmitteln – also LEDs. Insgesamt 1,7 Millionen Stück sind es, die die Bilder aufs U zaubern. Jeweils fünf LEDs bilden einen Bildpunkt, also ein Pixel: je zwei rote, zwei grüne und ein blaues. Aneinandergereiht ergäben alle LEDs eine Strecke von mehr als 8 Kilometern.
Wenn alle LEDs gleichzeitig leuchten, sieht man gar nichts – oder vielmehr: ein weißes Bild. Farbige Bilder entstehen erst durch die Mischung der roten, grünen und blauen Lampen, die zwar nicht dimmbar sind, aber trotzdem in unterschiedlicher Intensität strahlen: Jede einzelne LED wird einzeln angesteuert und bekommt 25-mal in der Sekunde den Befehl, wie hell sie leuchten soll. Kein Wunder, dass der Technikraum in der ersten Etage des U, in dem die „Fliegenden Bilder" gesteuert werden, die Dimension eines Rechenzentrums hat.
Dafür aber, dass die LED-Technik auch an diesem speziellen Gebäude funktioniert, war noch ein anderer Geistesblitz entscheidend: die Idee, die LEDs auf Lamellen

Die Tauben sind jeweils zur vollen Stunde für einige Minuten auf der Dachkrone des U zu sehen.

anzubringen. Sie sind Spezialanfertigungen und jeweils so breit wie die Gefache, in denen sie hängen.

Insgesamt hängen rund 6.000 Lamellen oben am U, eigens produziert und extrem wetterbeständig dank eines mit Kunstharz ausgegossenen Aluminiumprofils. Die Lamellen sind waagerecht untereinander auf allen vier Seiten der Dachkrone angebracht und bilden damit eine Art Bildschirm – eine inzwischen patentierte Technik, die Winkelmann gemeinsam mit Spezialisten entwickelt hat.

Aber warum hat man nicht gleich Bildschirme auf die Dachkrone des U montiert? Die Lamellen haben den Vorteil, dass die Besucher im U trotzdem hinausschauen können. So haben die begehrten Veranstaltungsräume in der siebten Etage Tageslicht und die Menschen darin einen schönen Ausblick, während man von unten gestochen scharf die Fische schwimmen oder das Bier schäumen sieht.

Das modernste Denkmal Deutschlands

Frauen, die hilflos ihre Kinder an sich drücken, Männer, die schützend die Arme über sich halten, und Steine, viele Steine, die grausam auf sie herabstürzen: Bestürzende Szenen zeigt das „Mahnmal für die Toter des Krieges". Es stammt von Benno Elkan, einem in Dortmund geborenen Bilchauer, der 1934 nach England emigrierte und nach dem Krieg international bekannt wurde. Seine berühmteste Skulptur ist die große Menora aus Bronze, die vor dem israelischen Parlament, der Knesset in Jerusalem steht.

An den Entwürfen für sein Mahnmal arbeitete Elkan nach dem Krieg viele Jahre lang, wohl auch, um eigene Erlebnisse zu verarbeiten: Sein eigenes Haus in London wurde durch deutsche Bombenangriffe zerstört. Doch das Mahnmal, das er mit Maßen von 9 Metern Länge und 3 Metern Höhe plante, wurde nie gebaut. Nur ein Modell aus Gips hatte der 1960 verstorbene Künstler anfertigen lassen, und selbst das ist heute verschollen. Erhalten sind allein sieben Schwarz-Weiß-Fotos, die das Gipsmodell zeigen, sonst nichts. Es war jedoch sein Lebenstraum, dieses Mahnmal realisiert zu sehen – und zwar in Dortmund. Ein Traum, den seine Enkelin ihm posthum gerne erfüllen wollte – und dabei in der Geburtsstadt ihres Großvaters nicht nur auf offene Ohren stieß, sondern auch auf den technologischen Sachverstand, den es brauchte. Denn die Stadt Dortmund, 2018 als „digitalste Stadt Deutschlands" ausgezeichnet, hatte eine ganz besondere Umsetzung im Sinn. Elkans Mahnmal sollte zu einem virtuellen und damit zum modernsten Denkmal Deutschlands werden. Eine monumentale Gedenkstätte hatte die Stadt schließlich schon: das Mahnmal Bittermark im Stadtbezirk Hombruch, geschaffen 1960 von dem Hagener Künstler Karel Niestrath und dem Dortmunder Architekten Will Schwarz.

Was braucht es, um aus sieben Jahrzehnte alten, unprofessionell aufgenommenen Fotografien ein virtuelles Denkmal zu machen? In Dortmund brauchte es die Unterstützung des Oberbürgermeisters, des Sparkassendirektors, eines ehemaligen Museumsdirektors und weiterer prominenter Netzwerker, eines Informatik-Professors der Technischen Universität und vor allem eines engagierten Unternehmers aus dem Technologiepark. Markus Rall, Geschäftsführer von viality, hatte bereits für renommierte Kunden von BVB bis BMW virtuelle Realitäten geschaffen, etwa für Messestände oder Kunden-Vorführungen. Ein Denkmal, das hatte er noch nicht im Portfolio – und fand die Idee so spannend, dass er den Auftrag ehrenamtlich übernahm.

Ein Jahr lang dauerte der virtuelle Modellbau: Anstatt Holz oder Pappe aneinanderzuleimen, programmieren die Tüftler eine dreidimensionale Rekonstruktion

Nur mit App oder Spezialbrille sichtbar: das virtuelle Mahnmal von Benno Elkan

des Mahnmals, sichtbar nur mit einer speziellen Brille, mit der man, hat man sie auf der Nase, das nie gebaute Werk von allen Seiten intensiv betrachten kann.
Im Dezember 2017, zum 140. Geburtstag Benno Elkans, wurde das Mahnmal dann feierlich präsentiert. Die erste, die durch die Brille schauen durfte, war Beryn Hammil, Benno Elkans Enkelin, die aus San Francisco angereist war.
Sie sei sehr dankbar dafür, dass der Traum ihres Großvaters nicht nur Realität geworden sei –, sondern dass sein Werk, das er selbst als sein bestes und wertvollstes Kunstwerk bezeichnet hat, nun auf der ganzen Welt gesehen werden könne, sagte sie mit Tränen in den Augen.
Heute steht Benno Elkans virtuelles Mahnmal im Museum für Kunst und Kulturgeschichte, zentral in der Innenstadt. Wer es sehen will, leiht sich die Spezialbrille aus – und los geht die Reise in die Vergangenheit.
Wer Werke von Benno Elkan in der realen Welt sehen will, muss dafür nur auf den Ostfriedhof gehen: Eine Reihe kunstvoller Grabmale hat er auf Dortmunds schönstem Friedhof gestaltet.
Übrigens hat Elkan nicht nur als Künstler auf sich aufmerksam gemacht, sondern auch als Fußball-Pionier: Im Jahr 1895 gehörte er zu den Gründern des ersten „Dortmunder Fußball-Club 1895", heute TSC Eintracht 48/95. Noch dazu war er als junger Kunststudent anno 1900 an der Gründung des FC Bayern München beteiligt – doch das hat ihm seine Heimatstadt inzwischen offenbar verziehen. Im Londoner Exil schuf er 1950 als Auftragsarbeit für Arsenal London den berühmten „Fighting Cock", das Wappentier von Tottenham Hotspur, als 43 Zentimeter große Skulptur. Auch dieses Werk ist verschollen – aber wer weiß, vielleicht entsteht es irgendwann virtuell noch einmal neu …

Graffiti-Hauptstadt

„Claudia" – dieser Name war in den frühen 1990er Jahren überall in Dortmund zu lesen. An Häusern und Brücken, an Wänden und Stromkästen. Dahinter steckte ein junger Mann, der seiner Liebe zu einer Zahnarzthelferin Ausdruck verleihen wollte. Zum Ziel ist er damit nicht gekommen – nur vor Gericht. Und er frischte eine Diskussion wieder auf, die schon seit einigen Jahren geführt wurde: Ist Graffiti Kunst, Jugendkultur oder Sachbeschädigung? Machen Sprayer die Stadt schöner und bunter oder beschmieren sie sie nur? Und haben sie ein Recht darauf, sich den öffentlichen Raum anzueignen? Seit Mitte der 1980er Jahre war Dortmund zur Graffiti-Hauptstadt avanciert. Nirgendwo sonst in Deutschland fand die Bewegung, entstanden in den 1970ern in New York, so viele Anhänger wie hier. Chintz, Shark, Mason und Zodiak heißen die Helden der ersten Generation der „Writer", die ihre Namen an möglichst prominenten Stellen im Stadtbild hinterließen. Sie „verhalfen der Malocher-Metropole zu überregionaler Reputation in Kultur-Kreisen. Dortmund style, der örtliche Sprühstil also, gilt mittlerweile etwas. Der Farbnebel aus meist geklauten Lacksprühdosen beschert der Provinz etwas Metropolen-Flair", schrieb die Wochenzeitung „Die Zeit" 1989 über Dortmund. Inzwischen ist Dortmund noch bunter geworden: Legal und im Auftrag gesprühte Street Art prangt an Hunderten Fassaden – Murals, die sich über ganze Häuserwände und Mauern erstrecken, von Künstlern aus der

Graffiti von REBELZER an der Speicherstraße am Hafen

ganzen Welt: Vertreten sind etwa die Brasilianer Alex Senna, Rodrigo Branco und L7m, die deutsche Künstlerin MAD C und The Top Notch ebenfalls aus Deutschland, die Holländer Telmo & Miel, The London Police – Kollektiv aus England, Alice Pasquini und Vesod aus Italien, der Spanier Belin und Felipe Pantone, SEPE & Chazme aus Polen. Zu verdanken ist das vor allem der 44309

Urban Art von Lea Carla Diestelhorst

STREET//ART GALLERY an der Rheinischen Straße, die viele der Arbeiten kuratiert hat. Galeristin Daniela Bekemeier stellt in ihren Räumen direkt gegenüber dem Dortmunder U selbst Street Art aus, vor allem aber sorgt sie mit ihrem Mann Olaf Ginzel dafür, dass das Viertel rund um ihre Galerie immer reicher an Street Art wird. Sogar den Franzosen „Blek le Rat" hat sie schon nach Dortmund geholt: Der 68-Jährige gilt als Urvater der Stencil-Kunst (Graffiti mit der Schablone). Sein Markenzeichen ist eine Ratte, die auf vielen seiner Bilder erscheint – so auch am Eingang zur Street Art Galerie und direkt um die Ecke, an der „Marlene Bar". Ein guter Ausgangspunkt für einen Street Art-Spaziergang durchs Unionviertel ist die Street Art Galerie; dort gibt es auch einen Wegweiser zu den Werken. Außerdem bietet die Stadt Dortmund regelmäßig geführte Rundgänge zur Street Art an.

Graffiti von Denis Klatt an der Speicherstraße am Hafen   Mural vor Alice Pasquini im Unionviertel

Ein Hauch von Paris in der Nordstadt

Der Borsigplatz ist deutschlandweit ein Begriff, zumindest bei Menschen, die sich für Fußball interessieren. Denn der Borsigplatz ist die Wiege des BVB: Der Ballspielverein Borussia Dortmund entstand 1909 aus einer Fußballmannschaft des Jünglingsvereins der katholischen Dreifaltigkeitskirchengemeinde an der nahe gelegenen Flurstraße. Die Gründungsversammlung tagte (gegen den ausdrücklichen Willen des Jugendkaplans der Gemeinde) in der Gaststätte „Zum Wildschütz" (heute der Imbiss „Pommes Rot-Weiß") an der Oesterholzstraße 60 – direkt am Borsigplatz.

Ein Platz ist der Borsigplatz allerdings nicht, zumindest keiner, auf dem man sich aufhalten und schon gar keiner, auf dem man Fußball spielen könnte. Er ist vielmehr eine alte Wegkreuzung – und heute ein großer, begrünter, von 30 Platanen gesäumter Kreisverkehr, durch den die Straßenbahnlinie U44 mit der Endhaltestelle Westfalenhütte mitten hindurchfährt. Fünf Straßen münden in den Borsigplatz, eine quert sie, die Oesterholzstraße.

Wer sich mit dem Auto einfädelt, bemerkt sie vermutlich kaum: die Schönheit des Borsigplatzes. Die Idee, ihn als Rundplatz anzulegen, stammt immerhin aus Paris, inspiriert von keinem geringeren als dem französischen Architekten Georges Haussmann, der Ende des 19. Jahrhunderts in der französischen Hauptstadt viele solcher Rundplätze

entwarf. In den 1970er Jahren wehrt sich die Ortspolitik erfolgreich gegen Pläne, aus dem um die Jahrhundertwende angelegten Platz eine profane Kreuzung zu machen. Stattdessen wurde der Borsigplatz zum Baudenkmal. Von den ehemals 15 Gebäuden rund um den Platz spiegeln zwölf noch den Zustand ihrer Erbauungszeit wider – besonders markant ist das 1906 fertiggestellte und heute schick renovierte „Türmchenhaus" des Spar- und Bauvereins an der Nordseite.

Straßenbahn auf dem Borsigplatz

Einst war der Borsigplatz der Mittelpunkt des Hoesch-Viertels; Banken, Gasthäuser und Einkaufsläden säumten ihn. Namensgeber war Albert Borsig, Mitbegründer der an der Borsigstraße gelegenen Maschinenfabrik Deutschland, die 1911 mit Hoesch fusionierte. Heute findet man in den Ladenlokalen eher Friseure, Wettbüros, Teestuben oder Imbissbuden. Nur eines hat sich in all den Jahrzehnten nicht geändert: Gestern wie heute ist der Borsigplatz nach wichtigen Siegen des BVB die erste Anlaufstelle für feiernde Fans und Startpunkt eines jeden Autokorsos. Und die Dreifaltigkeitskirche, dessen Jugendkaplan den jungen Männern einst das Fußballspielen verbieten wollte, zeigt heute eine Dauerausstellung, in der die Parallelen zwischen Fußball und Religion beleuchtet und die Anfänge des BVB im Stadtteil thematisiert werden.

Der Borsigplatz im Advent

Mehr als „Nur der BVB"

Dass sich in Dortmund alles um Fußball und vor allem um den BVB dreht – diesen Eindruck kann man leicht bekommen, und das ist kein Wunder: Der BVB ist in der Stadt einfach überall präsent, seine Fans sind am zahlreichsten und lautesten, über ihn werden die meisten Zeilen geschrieben und Bilder gesendet, seine Farben dominieren im Stadtbild, und er hat dafür gesorgt, dass „Dortmund" auch noch im hintersten Winkel Asiens oder Afrikas ein Begriff ist. Umso schwerer haben es andere Sportarten in der Stadt: Sie kämpfen nicht nur um Siege, Punkte und Rangplätze, sondern ebenso um Beachtung in der Öffentlichkeit. Dabei sind auch andere Sportarten in Dortmund international oder bundesweit erfolgreich.
Wer gerne am Dortmund-Ems-Kanal spazieren geht oder Fahrrad fährt, kann ihnen beim schweißtreibenden Training zusehen: den Athleten aus dem Ruder-Leistungszentrum. In Dortmund trainiert der Deutschland-Achter, der bereits viermal Olympiasieger, zwölfmal Weltmeister und elfmal Europameister wurde.
Dortmund ist auch eine traditionsreiche Handball-Stadt. Der Deutsche Handball-Bund sitzt in Dortmund, und die Frauen aus der Handball-Abteilung des BVB spielen in der Bundesliga.
Rudi Cerne, Dagmar Lurz und Marina Kielmann – die Namen dieser berühmten Eiskunstläufer sind eng mit Dortmund verbunden. Sie hatten ihre sportliche Heimat im Eissportzentrum Westfalen, das direkt neben dem Signal Iduna Park gelegen ist. Bis heute ist Dortmund eine Kaderschmiede für das Eiskunstlaufen und ein Bundesstützpunkt bzw. Landesleistungszentrum für Eiskunstlaufen und Eistanzen in Deutschland.

Ruhrpott-Karneval auf Zeche: der Geierabend

„Das heißt auffe Zeche, aum Pütt, vonne Schule, nache Arbeit, ausse Siedlung, auffe Schicht, nach Untertage, im Streb, inne Dunkelheit, am Malochen, vor Kohle, mitte Kumpels, anne Schüppe, zum Ende, vor'e Rente, aus, zu, vorbei, bisse im Arsch. Is dat denn so schwer?" Man stelle sich diese Aufzählung vor, heruntergerattert in maschinengewehrartiger Geschwindigkeit. Genau das geschieht jedes Jahr auf der Bühne im ehemaligen Magazin der Zeche Zollern beim Geierabend, dem beliebten Ruhrpott-Karneval. Tausende Fans warten auf den Moment, in dem der Spruch unter johlendem Applaus von der Bühne gerappt wird. Erfunden hat ihn Martin Kaysh, der als „Steiger" durch den Abend führt. Seit dem Jahr 2005 hat Schauspielerin Sandra Schmitz den Satz fast unverändert etwa 610 Mal gebracht, vor mehr als 260.000 Zuschauern. Obwohl er ihn geschrieben und noch viel häufiger als das Publikum gehört hat, kann er ihn selbst nicht auswendig, gibt Kaysh zu.

Den Geierabend gibt es allerdings schon viel länger als den „Auffe Zeche ..."-Spruch: Premiere hatte der alternative Karneval 1992, damals noch im freien Theater Fletch Bizzel im Dortmunder Klinikviertel. Eine Gruppe professioneller Musiker und Kleinkünstler, die ansonsten solo oder in anderen Formationen unterwegs sind, finden sich seitdem für die Persiflage einer Karnevals-Prunksitzung zusammen. Inzwischen ist der Geierabend eine hoch professionelle Veranstaltung mit rund 40 Shows zwischen Januar und März.

Die Zuschauer – echte Karnevalsfans ebenso wie Anti-Karnevalisten – freuen sich auf lieb gewordene Figuren wie „Die zwei vonne Südtribüne", den Präsidenten, die Bandscheibe, die Hossa-Boys oder Bauer Schlendersack aus dem imaginären Sauerland-Dorf Schnöttentrop.

Eine feste Institution ist auch die jährliche Verleihung des Pannekopp-Ordens: Er besteht aus 28,5 Kilogramm rostigem Stahl und geht an Persönlichkeiten, die im zurückliegenden Jahr durch besondere Verfehlungen im oder für das

Ruhrgebiet auf sich aufmerksam gemacht haben. Dabei stimmen die Zuschauer mit ab, wer den Anti-Orden bekommen soll. Jeweils zwei Kandidaten hat der journalistisch ausgebildete „Steiger" dafür zur Auswahl, die häufig für Missstände bis hin zu Skandalen stehen, die in den klassischen Medien wenig oder keine Beachtung fanden. Und so ist der Geierabend längst auch ein wichtiges Stück Gegenöffentlichkeit im Ruhrgebiet.

FilmQuiz:
Dortmund in Kino und Fernsehen

Dortmund ist eine beliebte Kulisse für Kino- und Fernsehfilme oder -serien. Welches Foto gehört zu welchem Film – und worum geht es da?

1. Nordkurve (1993)
Anders als der Titel vermuten lässt, wurde dieser Film über einen Samstag im Ruhrgebiet komplett in Dortmund gedreht. Gezeigt werden viele Schicksale rund um ein Bundesligaspiel – eine Rolle spielen dabei Brieftauben und eine Kneipe, ein Verein kurz vor der Pleite und ein schmieriger Spielevermittler.

2. Tatort Dortmund (seit 2012)
Ein Kommissar mit eigenwilligen Ermittlungsmethoden und persönlichen Problemen arbeitet sich mit seinem dreiköpfigen Team an ganz realen Dortmunder Problemen ab. Mitunter gibt es allerdings auch Ärger mit den echten Dortmundern, die sich in der beliebten Serie allzu klischeehaft oder falsch dargestellt sehen.

3. Göttliche Lage (2014)
Auf einem ehemaligen Stahlwerksgelände in Dortmund entsteht über viele Jahre ein neuer Stadtteil – mit einem künstlichen See im Mittelpunkt. Die Dokumentation lässt Planer und Zweifler, neue und alte Bewohner zu Wort kommen, zeigt die Gier nach Luxus und die Furcht vor Verdrängung.

4. Losers and Winners (2006)
400 chinesische Arbeiter zerlegen die Kokerei Kaiserstuhl in Einzelteile und verschiffen sie in ihre Heimat: Abbruch West – Aufbau Fernost. Die letzten Dortmunder Koker müssen den Chinesen dabei helfen, ihren eigenen Arbeitsplatz abzubauen.

Film Quiz

Auflösung
1G, 2F, 3E, 4D, 5C, 6H, 7J, 8B, 9A, 10I

FilmQuiz:

5. Junges Licht (2016)
Als die Wäsche auf der Leine noch schwarz wurde und Bergleute einen lebensgefährlichen Job hatten: Der 12-jährige Julian durchlebt im Ruhrgebiet der Nachkriegszeit die Wirren der Pubertät.

6. Ein Schnitzel für drei (2009)
Zwei Langzeitarbeitslose schlagen sich durch – eine Ruhrpott-Komödie zwischen Arbeitsamt und Geldsegen. Denn Geld macht nicht nur Ärger, wenn man es nicht hat ...Nach drei erfolgreichen Filmen gab es noch eine Serie hinterher.

7. Jede Menge Kohle (1981)
Ein Bergmann aus Recklinghausen verschwindet unter der Erde und kommt eine Woche später in Dortmund wieder ans Tageslicht, wo er auf ein neues Leben hofft – doch dazu fehlt die Kohle, also Geld. Die Rettung könnte in einer Motorsäge liegen: „Es kommt der Tag, da will die Säge sägen."

8. Die Abfahrer (1978)
Romantisches Ruhrgebiets-Roadmovie: Drei Arbeitslose auf Spritztour mit einem geklauten und defekten Lkw – ohne Plan, aber mit einer Frau an Bord.

9. Bang Boom Bang (1999)
Ein Kultfilm seit zwei Jahrzehnten: Gelegenheitsgauner Keek hat die Beute aus einem Bankraub durchgebracht – auch den Anteil seines Partners, der noch im Knast sitzt. Doch dann bricht der aus und Geld muss her – dringend. Eine Gaunerkomödie voller legendärer Zitate: „Ich bin da grad selbst watt an planen dran." / „Allah. Der Pferd heißt Horst!" / „Na Zuckermäusken, bisse wieder mein Sohn am Anbaggern?"

10. Balko (1995–2006)
Die beiden Kommissare der Dortmunder Polizei sind echte Typen: der eine ein cooler Draufgänger, der andere ein ungeschicktes Muttersöhnchen.

Dortmund. Eine Zeitreise

um 1000 v. Chr. Der heutige Stadtkern ist bereits dicht besiedelt.

um 410 444 Goldmünzen, 16 Silbermünzen und drei goldene Halsreife werden dort vergraben, wo heute das U steht – und erst 1907 von Bauarbeitern wiedergefunden. Historiker sehen den Fund als Zeichen für Siedlungen nördlich des Hellwegs und als Hinweis auf regen Handel. Möglicherweise hat der Schatz einem germanischen Soldaten gehört, der in der römischen Gallienarmee diente und die Münzen nach seiner Militärzeit nach Dortmund brachte.

Dortmunder Goldschatz um 410

775 Die Franken erobern die Syburg, eine wichtige Fliehburg der Sachsen. Unter Karl dem Großen gerät der Raum Dortmund in den Brennpunkt des politischen Geschehens.

880– 884 Dortmund wird in einem Einkünfteverzeichnis des Klosters Werden erstmals genannt: „In Throtmanni liber homo Arnold VIII denarios nobis solvit" (In Dortmund zahlt uns der freie Mann Arnold jährlich 8 Pfennige).

919 Heinrich I. wird König. Dortmund liegt mitten im Herrschaftsgebiet und erhält eine Königspfalz, in der er und seine Nachfolger unterkommen können: Es residieren Otto I., Otto II. und auch Kaiser Friedrich Barbarossa in der Stadt.

um 1200 Die Stadt wird auf den Umfang des Wallrings erweitert.

1232 Großer Stadtbrand, die Königspfalz wird vernichtet.

1236 Friedrich II. bestätigt die im Feuer verbrannten Reichsprivilegien: Die Bürger der Reichsstadt Dortmund haben ihren Gerichtsstand nur in Dortmund, genießen im gesamten Reich Zollfreiheit und dürfen nicht zum Duell aus unrechtem Grunde gefordert werden.

Turmsiegelzeichen

1293 König Adolf verleiht Dortmund das Braurecht.

1343 Dortmunder Kaufleute lösen die zur Finanzierung des Hundertjährigen Krieges verpfändete englische Königskrone für 45.000 Gulden aus. Dortmund ist die einzige Reichsstadt Westfalens, eine der wichtigsten Hansestädte und hat rund 7.000 Einwohner.

1350 Die Pest nähert sich. Die Juden werden als vermeintlich Schuldige aus der Stadt vertrieben und ihr Eigentum zwischen der Stadt und dem Grafen aufgeteilt.

1378 Die adelige Agnes von der Vierbecke aus dem Märkischen verrät Dortmund und verhilft Soldaten des verfeindeten Grafen von der Mark in die Stadt.

1388/ 1389 Große Dortmunder Fehde: Die Grafen von der Mark und die Erzbischöfe von Köln erklären Dortmund den Krieg und belagern die Stadt. Dortmund kann nicht eingenommen werden, doch liegt der Handel brach und die Stadt muss sich für den Krieg erheblich verschulden.

1421	Der Chor der Reinoldikirche wird neu gebaut, reiche Bürger stiften den Kirchen viele Kunstschätze.
1543	Gründung des Dortmunder Stadtgymnasiums
1570	Die Stadt wird protestantisch, duldet aber eine katholische Minderheit.
1610	Detmar Mulher fertigt seine berühmte Stadtansicht an, heute zu sehen im Museum für Kunst und Kulturgeschichte.
1618– 1648	Im Dreißigjährigen Krieg ist Dortmund als lutherische Stadt mit einem katholischen Kaiser als Stadtherren der Feind jeder Kriegspartei und wird seit 1630 ununterbrochen von wechselnden Parteien besetzt, die unterhalten werden müssen. Zu Kriegsende ist die Hälfte der Wohnhäuser zerstört, die Stadtwirtschaft ruiniert. Dortmund wird für die nächsten Jahrzehnte zum Ackerbürgerstädtchen.
1769	Verleger Gottschalk Dietrich Baedeker bringt die „Dortmundischen vermischten Zeitungen" heraus, 1796 folgt Arnold Mallinckrodt mit dem „Magazin von und für Dortmund".

Das Dortmunder Rathaus 1740

1802	Das Ende des Heiligen Römischen Reichs ist auch das Ende der eigenständigen Reichsstadt Dortmund. Die Stadt fällt an den Fürsten Wilhelm von Oranien-Nassau, sechs Jahre später dann an das neu gebildete französische Großherzogtum Berg mit der Hauptstadt Düsseldorf. Dortmund wird Hauptstadt des Ruhrdepartements und Sitz zahlreicher Verwaltungs- und Gerichtsbehörden mit dem Freiherrn von Romberg zu Brünninghausen als Präfekten.
1813	Nach der Völkerschlacht bei Leipzig besetzen preußische Husaren die noch immer landwirtschaftlich geprägte Stadt, die nun unter preußischer Verwaltung steht. Dortmund ist mit 4.000 Einwohnern etwa so groß wie Unna und kleiner als Iserlohn.

1847 Dortmund erhält einen Bahnhof der Köln-Mindener Eisenbahn, zwei Jahre später folgt die Bergisch-Märkische Bahn. Damit wird die Stadt zum ersten Eisenbahnknotenpunkt des entstehenden Industrireviers.

1871 Leopold Hoesch gründet das Eisen- und Stahlwerk Hoesch. Seit Mitte des Jahrhunderts wird die Stadt zum Zentrum der industriellen Entwicklung Westfalens und des Ruhrgebietes. Die Bevölkerung wächst auf 17.500. An Unternehmensgründungen folgen die Maschinenfabrik Deutschland und der Hütten- und Zechenverbund Dortmunder Union, die Dortmunder Actienbrauerei und die Union-Brauerei.

1889 Auf den 32 Dortmunder Zechen streikten ´9.000 Arbeiter. Der große Streik im ganzen Ruhrgebiet führt zur Gründung des „Alten Verbandes", eines Vorläufers der Gewerkschaft.

1899 Kaiser Wilhelm II. weiht den Dortmund-Ems-Kanal ein.

1899 besuchte Kaiser Wilhelm aus Anlass der Kanaleinweihung die Stadt Dortmund.

1900	Die neue Synagoge am Hiltropwall wird eingeweiht, viele weitere repräsentative Gebäude entstehen: das größte Kaufhaus in Westfalen (Althoff), das Stadttheater am Hiltropwall, das neue Sparkassen- und Bibliotheksgebäude, das Oberbergamtgebäude und schließlich 1910 der neue Bahnhof.
1902	Einweihung des Kaiser-Wilhelm-Denkmals auf der Hohensyburg, bis heute ein beliebtes Ausflugsziel. Weitere Freizeiteinrichtungen entstehen in den nächsten Jahren: der Lunapark im Fredenbaum mit seinem großen Saalbau (1912), der Kaiserhain als Vorläufer des Westfalenparks oder die Galopprennbahn in Wambel (1913)
1909	Gründung des Ballspielvereins Borussia Dortmund (BVB)
1913	Vor dem Ersten Weltkrieg war Dortmund zu einem der wichtigsten Standorte der Industriewirtschaft des damaligen Deutschen Reiches geworden. Die Kohleförderung erreichte in den Dortmunder Zechen 12,2 Millionen Tonnen, die Kokserzeugung 3,4 Millionen Tonnen.
1920	Sozialistische „Märzrevolution" in den Wirren der Weimarer Republik: Während des Arbeiteraufstands der „Roten Ruhrarmee" erhält die Stadt am 17. März einen radikalsozialistischen Oberbürgermeister, der sich selbst vor dem Alten Rathaus zum „Volkstribunen" ausruft. Gefechte fordern zahlreiche Todesopfer.
1925	Einweihung des Flughafens und der Westfalenhalle
1928/ 1929	Kommunale Gebietsreform: Dortmund wächst um Hörde und die Landkreise Dortmund und Hörde. Nach Berlin ist Dortmund nun flächengrößte Großstadt des Deutschen Reiches.
1932	Weltwirtschaftskrise: Es ist das Jahr der Hungermärsche und Demonstrationen, der Straßenkämpfe und politischen Radikalisierung. Etwa 40 % der Bevölkerung erhalten Wohlfahrtsmittel.

1933–1945	Im Polizeigefängnis, der Steinwache, sind über 30.000 politische Gegner des NS-Systems sowie Zwangsarbeiter vorübergehend inhaftiert. Die jüdische Bevölkerung wird systematisch ausgegrenzt und verfolgt. Bereits vor

Die Synagoge am Hiltropwall

dem Pogrom wurde die Synagoge am Hiltropwall zerstört. Von den etwa 4.500 Juden in Dortmund werden etwa 2.000 in Konzentrationslagern ermordet. Im Mai 1943 ist Dortmund als eine der „Rüstungsschmieden" Ziel zweier Luft-Großangriffe; sechs weitere folgen bis zum 12. März 1945. Dabei kommen etwa 6.000 Zivilisten und Zwangsarbeiter ums Leben. Als die Amerikaner am 13. April 1945 in die Dortmunder Innenstadt vorrücken, finden sie den Stadtkern zu 95 % zerstört.

1951 Dank der weltweiten Nachfrage nach Stahl und Eisenprodukten ist Dortmund die größte Industriestadt Nordrhein-Westfalens. Es herrscht nahezu Vollbeschäftigung. Auch der Bierausstoß erreicht Rekordmarken. 1952 stammt ein Drittel des in NRW hergestellten Bieres aus Dortmund, das sind 8,1 % des Bierausstoßes im Bundesgebiet.

1959 Bundespräsident Theodor Heuss eröffnet die erste von drei Bundesgartenschauen im Westfalenpark.

1965 Die Stadt ist mit 658.000 Einwohnern so groß wie nie.

1967 15.000 Menschen protestieren gegen die Schließung der Zeche Hansa – umsonst. Die letzte Zeche in Dortmund schließt 20 Jahre später (1987).

1968 Gründung der Universität Dortmund

1985 Gründung des Technologieparks an der Universität, in dem Tausende qualifizierte Arbeitsplätze entstehen.

2000 Gemeinsam mit Thyssenkrupp und der Unternehmensberatung McKinsey startet die Stadt das auf zehn Jahre angelegte „dortmund-project", um zu einem Standort für Zukunftsbranchen zu werden und Arbeitsplätze zu gewinnen.

2001 Die Hüttenwerke Phoenix in Hörde und die Westfalenhütte schließen.

2002 Im Brückstraßenviertel eröffnet das Konzerthaus mit über 1550 Sitzplätzen.

2006 Beginn der Aushubarbeiten für den Phoenix See auf dem ehemaligen Stahlwerkgelände.
In der Nordstadt wird der Kioskbesitzer Mehmet Kubaşık von der rechtsextremen Terrorgruppe Nationalsozialistischer Untergrund (NSU) erschossen.

2010 Im Jahr der Kulturhauptstadt RUHR.2010 eröffnet das Dortmunder U als Kunst- und Kreativzentrum. Die Flutung des Phoenix Sees beginnt.

In Erinnerung an den vom NSU ermordeten Mehmet Kubaşık wurde ein Platz in der Nordstadt nach ihm benannt.

Die 1968 gegründete TU Dortmund

Was andere über Dortmund sagen

„Unter den Bauwerken Dortmunds ist die Reinoldikirche sehenswerth; die katholische Kirche besitzt gute Malereien; im ganzen ist die Stadt hell und freundlich, hat aber wenig Spuren ihrer alten Herrlichkeit mehr."
(Schriftsteller Ferdinand Freiligrath und Levin Schücking 1842 in „Das malerische und romantische Westfalen")

„Dortmund war New York für mich."
(Comic-Zeichner Ralf König 2019 im SPIEGEL-Interview. Ende der 1980er Jahre hat König sein später verfilmtes Comic „Der bewegte Mann" in Dortmund gezeichnet und geschrieben.)

„Diese archaische, ehrliche Kulisse dort hat mich für immer geprägt und ich wusste von Anfang an: Hierher wirst du immer wieder zurückkehren. Damals bin ich Borusse geworden."
(Schauspieler Dietmar Bär im Fußballmagazin „11 Freunde" über seinen ersten Besuch 1972 im Stadion Rote Erde)

„In richtigen Großstädten ist der Kiez immer ein bestimmter Bezirk, nach 15 Jahren Erfahrungen mit Dortmund ist mein Kiez die ganze Stadt."
(Sänger Sasha 2007 im Interview-Magazin „Galore")

„Sieht man die weißen Segelboote auf dem Hengsteysee, der südlichen Grenze Dortmunds, fühlt man sich nach Oberbayern versetzt, und das Ardeygebirge, das den Fluss im Norden vom Ruhrgebiet abschirmt, gehört für mich mit seinen engen Tälern zum Schönsten, was es an deutscher Landschaft gibt."
(Schriftsteller Max von der Grün 1979 in „Unterwegs in Deutschland")